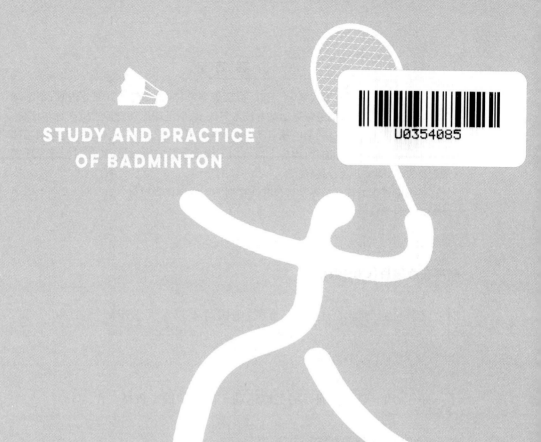

STUDY AND PRACTICE
OF BADMINTON

羽毛球学与练

主　编　李忠广

副主编　曾　文

编　委　王　永　于欣民
　　　　李文倩

中国科学技术大学出版社

内 容 简 介

本书是中国科学技术大学"十三五"校级规划教材,主要包括五部分内容:羽毛球运动器材与场地简介、羽毛球运动基本技术与战术、羽毛球运动身体素质训练与评价、羽毛球运动身体训练方法、羽毛球运动竞赛规则与裁判法。书中配有大量专业羽毛球运动员进行动作示范的图片,内容上既有羽毛球技战术实践指导,又有羽毛球专项素质训练方法,图文并茂,易懂易学。

本书既可作为普通高等学校公共体育羽毛球专项课程教材,也可供广大羽毛球运动爱好者自学参考。

图书在版编目(CIP)数据

羽毛球学与练/李忠广主编. ——合肥:中国科学技术大学出版社,2020.1(2021.7重印)

ISBN 978-7-312-04756-5

Ⅰ. 羽… Ⅱ. 李… Ⅲ. 羽毛球运动—高等学校—教材 Ⅳ. G847

中国版本图书馆 CIP 数据核字(2019)第 242734 号

出版	中国科学技术大学出版社 安徽省合肥市金寨路 96 号,230026 http://press.ustc.edu.cn https://zgkxjsdxcbs.tmall.com
印刷	安徽省瑞隆印务有限公司
发行	中国科学技术大学出版社
经销	全国新华书店
开本	710 mm×1000 mm 1/16
印张	7.25
字数	142 千
版次	2020 年 1 月第 1 版
印次	2021 年 7 月第 2 次印刷
定价	26.00 元

前　言

　　现代羽毛球运动起源于英国，是一种集观赏、娱乐和健身于一体的竞技体育项目。随着该运动在世界范围内的广泛推广和普及，越来越多的人参与其中，成千上万的民众成为羽毛球运动的爱好者和实践者。羽毛球运动不仅锻炼了人们的体魄，还极大地磨炼了人们的拼搏精神和意志品质，是当今世界上普及性很高的一项体育项目。

　　羽毛球运动与其他许多运动项目一样，显示了人类的力量美、形体美和智慧美。同时，羽毛球运动更有自己独特的运动价值和魅力！首先表现在运动的趣味性很强，在双方对打羽毛球的过程中，随着身体的跑动、跳跃与伸展，以及球的速度、力量、高低远近等变化，运动本身充满了趣味。其次，具有塑身功能，羽毛球运动要求在场地上不停地进行脚步移动、跳跃、转体、挥拍，从而极大地锻炼了运动者的身体柔韧性和协调性，燃烧了多余的脂肪，锻炼了肌肉的张力，提高了骨骼的强度，从而有效改善形体，使运动者拥有优美的身体线条。最后，羽毛球运动能加快运动者的血液循环，改善呼吸系统、心血管系统的功能，调节神经系统功能并提高抗乳酸能力，起到增进健康、抗病防衰的作用，也可以防治颈椎病等常见病。羽毛球运动对场地要求不高，对运动装备的要求也比较简单，可以在室内运动场地进行，也可在生活小区空地、公园等场地开展，是在家庭、学校和单位都很受欢迎的运动项目。

　　目前，世界上重要的羽毛球单项赛事有汤姆斯杯、尤伯杯和苏迪曼杯羽毛球赛。汤姆斯杯和尤伯杯羽毛球赛分别被称为世界男子羽毛球团体锦标赛和世界女子羽毛球团体锦标赛；汤姆斯杯赛由国际羽联于1948年创办，自1982年开始每两年举办一届；尤伯杯赛开始于1956年，自1984年起也是每两年举办一届，两项赛事赛制相同。苏迪曼杯羽毛球赛又称世界羽毛球混合团体锦标赛，创办于1989年，每两年举办一届，比赛采用五场三胜制，由男子单打、女子单打、男子双打、女子双打和混合双打五个项目组成，是代表羽毛球整体水平的最重要的世界大赛。自1992年巴塞罗那奥运会起，羽毛球被列为奥运会正式比赛项目。

本书是根据2015年中国科学技术大学"十三五"校级规划教材的要求,在总结羽毛球教学实践经验的基础上,结合羽毛球教学实际需要,采用图文并茂的形式编写而成的。本书吸收和融合了近年来羽毛球运动的理论与技术、教学与训练、规则和裁判法等方面最新研究的成果,全书包括五部分内容:羽毛球运动器材与场地简介、羽毛球运动基本技术与战术、羽毛球运动身体素质训练与评价、羽毛球运动身体训练方法和羽毛球运动竞赛规则与裁判法。

本书有如下特点:

(1) 文字简洁,通俗易懂。从学生和普通读者的需求出发,用简洁和通俗易懂的文字深入浅出地介绍羽毛球运动的基本知识和基本技术、战术。

(2) 动作图解真实、生动,易于理解和模仿。由具有国家队背景的羽毛球专业运动员做动作示范,以详细、准确、连续的动作图解形式来表达各种羽毛球运动的技术动作要点,动作真实形象,一目了然。

本书可作为普通高等学校羽毛球课程教材,也可供羽毛球任课教师和羽毛球爱好者参考学习。

本书由中国科学技术大学体育教学部组织编写,参加编写的人员有曾文、李忠广、王永、于欣民(示范)、李文倩,在编写过程中得到了中国科学技术大学出版社和体育选项课程组各位同事的指导与帮助,在此一并表示感谢!

由于编写时间仓促,水平有限,书中存在问题与错误在所难免,希望各位读者在使用本书过程中指出问题和不足,提出改进意见。

编 者
2019年8月于合肥

目　　录

前言 ·· (i)

第一章　羽毛球运动器材与场地简介 ·· (1)

第二章　羽毛球运动基本技术与战术 ·· (7)
 第一节　羽毛球运动基本技术 ·· (7)
 第二节　羽毛球运动基本战术 ·· (38)

第三章　羽毛球运动身体素质训练与评价 ······································· (42)
 第一节　羽毛球运动的身体适应 ·· (42)
 第二节　羽毛球运动身体素质训练 ··· (44)
 第三节　羽毛球运动身体素质评价 ··· (62)

第四章　羽毛球运动身体训练方法 ··· (71)
 第一节　羽毛球运动身体训练的要求 ·· (71)
 第二节　羽毛球运动身体训练的内容与方法 ································ (75)

第五章　羽毛球运动竞赛规则与裁判法 ·· (95)
 第一节　基本规则 ·· (95)
 第二节　比赛方法 ·· (99)
 第三节　裁判员手势及用语 ··· (103)

参考文献 ·· (107)

第一章　羽毛球运动器材与场地简介

一、球拍

(一) 球拍简介

羽毛球拍由拍头、拍弦面、连接喉、拍杆、拍柄五部分组成。一般球拍长不超过68厘米，宽不超过23厘米。

球拍一般由碳素、石墨复合材料制成。当前，有些生产商为了增加球拍的使用性能，添加了一些特殊的材料，如 Ti 金属网、KEVLAR（凯芙拉）、纳米复合材料等。

传统的球拍为圆头拍形（图1.1），拍头上部略尖，球拍整体呈卵形。这种卵形球拍甜区较小，但甜区部位力量爆发非常集中。（甜区是指球拍拍面的最佳击球位置。）

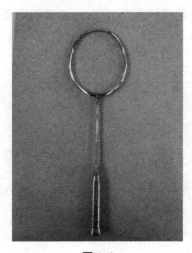

图 1.1

(二) 如何选择球拍

质量：球拍的质量范围一般为 80～95 克，目前流行的是 YONEX 公司使用的 U 系统(1U＝95～100 克，2U＝90～94 克，3U＝85～89 克，4U＝80～84 克，5U＝75～79)。常用的球拍质量为 2～4U，79 克以下的叫作超轻拍，主要给女性或有特殊需要的球友使用。而 95 克以上的一般是金属拍，主要是给以打羽毛球为健身手段而不愿在器材上花费过多的人使用的。

拍杆：球拍中杆的软硬是区分球拍攻防类型的一个标志。中杆硬的，属于进攻型球拍，适合追求暴力扣杀，一般供有力量、体力好的中高级单打进攻型选手使用。球拍中杆硬，有利于完全传递选手的力量，提高杀球的速度，减少中杆反弹的不必要的时间。中杆软的，就是防守型球拍，由于手感很软，挥动相对灵活，可以作为新手的入门拍使用。球拍中杆很软，有利于防守，防守时会起到借力反弹的微妙效果。

平衡点：平衡点即重心。注重进攻的球拍，平衡点靠近拍头，也就是头重。注重防守的球拍，平衡点一般靠近拍柄，也就是头轻。大多数球拍的平衡点在中点上，它具备了进攻型和防守型这两种拍子的共同优点和缺点。

二、拍线

羽毛球拍线(图 1.2)在反弹性能、耐用性能、控球性能、吸震性能、击球手感方面都有不同的级别组合和特殊的生产工艺，以满足不同类型选手、不同球拍和不同打法的组合需要。选择羽毛球线时一般要根据自己的羽毛球拍类型、要求、打法的需要来挑选。

图 1.2

球拍拉线也是很有讲究的。建议初级选手到有专业拉线机、专业拉线师傅的地方去拉线,每位选手都应该清楚适合自己的拉线磅数,这样才能享受到打羽毛球的乐趣。新拉的线在用了三四次以后才能与球拍契合,球员可根据这一方法来调整适合自己的磅数,这对新手走入正规打球的道路,保持在后面控球、吊球、杀球、搓球、放网等动作的最佳击球感觉方面都有好处。

三、手胶

手胶(图1.3)大致分三类:握把胶、外握把胶和毛巾握把胶。通常我们所说的手胶都是指外握把胶。

图1.3

(一)握把胶

握把胶是指直接缠绕在球拍木柄上的握把胶,主要功能是保护球拍木柄,并具有防滑、吸汗等基本功能。使用时把球拍原有握把胶剥掉,把握把胶直接缠绕在木柄上。

(二)外握把胶

外握把胶是指缠绕在握把胶外层的握把胶,主要功能是满足球员对防滑、吸

汗、打感、舒适等性能的要求。使用时直接缠绕在握把胶上,如果想使手柄更粗,可使用以下方法:

方法1:叠加缠绕法,即在缠绕时加大握把胶重叠的面积。

方法2:再裹一条外握把胶。

(三) 毛巾握把布

毛巾握把布(图1.4)是指直接缠绕在木柄上的含棉成分极高的棉质握把胶,其主要功能是给球员提供舒适性和强吸水性。使用时把球拍原有握把胶剥掉,把毛巾握把布直接缠绕在木柄上。

图1.4

四、羽毛球

标准羽毛球(图1.5)重4.74~5.50克,应有16根羽毛插在半球形的软木托上,羽毛长62~70毫米,羽毛顶端围成圆形,直径为58~68毫米,球托底部呈球形,直径为25~28毫米。

图1.5

五、球鞋

一双好的羽毛球鞋(图1.6)对羽毛球这项运动也很重要。随着球员在场上不停地快速移动,双脚要承受比平时大几倍的压力,伴随着每一次的启动,球员的双脚要作出扭、转、跳跃、急停、换向等机动性极高的动作。所以一双好的羽毛球鞋要具备以下特点:

① 设计轻巧;② 鞋底耐磨、防滑,应是生胶或牛筋质地的,纹路交错细密,摩擦力大,抓地性好;③ 具有减震、缓冲功能;④ 平跟,便于发力。

图1.6

六、场地

标准的羽毛球场地(图1.7)呈长方形,长13.4米,单打球场宽5.26米,双打球场宽6.10米。球场外面两条边线是双打场地边线,里面的两条边线是单打场地边线。双打边线与单打边线相距0.42米。距球网1.98米与网平等的两条线为前发球线,离端线0.72米与端线平行的两条线为双打后发球线。前发球线中点与端线中点连起来的一条线叫中线,各条线的宽度均为0.04米,并把羽毛球场地分为左、右两个发球区。

场地上空12米内,以及四周4米内不应有障碍物。

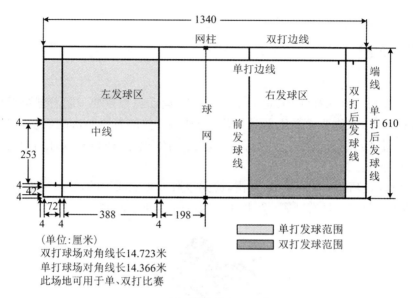

图 1.7

七、网柱

网柱(图 1.8)必须稳固、与地面垂直。从球场地面起,网柱高 1.55 米,球网的两端与网柱系紧,并使球网保持拉紧状态,球网中间高 1.524 米,球网应由深色的优质细绳织成。网孔呈方形,网上下宽 0.76 米,网的顶端由 0.075 米宽的白布对折而成,用绳索或钢丝从夹层中穿过,网柱应分别放置在双打边线或单打边线的中点上。

图 1.8

第二章 羽毛球运动基本技术与战术

第一节 羽毛球运动基本技术

一、握拍

下面以右手握拍为例。

(一)正手握拍

握拍时,使球拍面与地面垂直,球拍柄端与小鱼际平齐。虎口对准球拍侧面内沿,小指、无名指、中指并握,食指略微向前,与中指稍分开,大拇指与中指相近,掌心不要紧贴,如图 2.1 所示。

竖面　　　　　　反面　　　　　　正面

图 2.1

(二)反手握拍

在正手握拍的基础上,球拍柄稍向外转,食指收回来,拇指第一关节紧贴在球拍柄内侧的宽面上,同时要把柄端靠近小指根部,手心留有空隙,如图 2.2 所示。

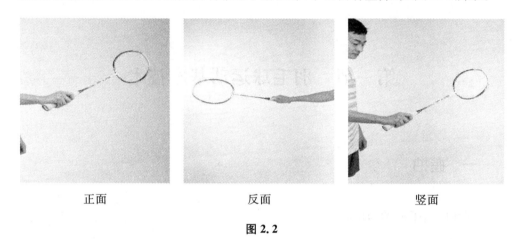

正面　　　　　　　　　　反面　　　　　　　　　　竖面

图 2.2

(三)钳式握拍

钳式握拍手法,顾名思义,如握钳子一样,可分为正手和反手两种:正手主要应用于正手放网和正手搓球;反手应用于反手放网、反手搓球和放球。

要领如下:

正手:食指、中指、无名指和小拇指并拢于球拍柄下侧,拇指位于另一侧,拍头略下沉,如图 2.3 所示。

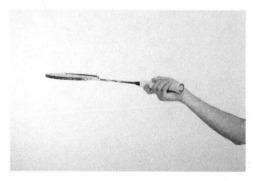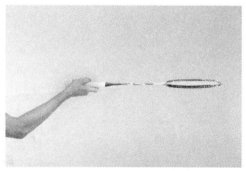

图 2.3

反手:食指、中指、无名指和小拇指并拢于球拍柄上侧,拇指握于拍柄下侧接面处,拍头略下沉,如图 2.4 所示。

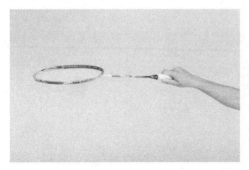
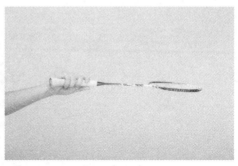

图 2.4

二、挥拍

挥拍的速度越快,产生的力量越大。

(一) 内旋挥拍

要领如下:
① 通过上肢和髋关节的转动带动肘关节向前,肘关节正对球网。
② 重心后仰的同时前臂转动直至手心朝脸的位置。
③ 手臂拉伸,快速向前内旋至手背朝脸。手腕在击球过程中随手背弯曲,且球拍与前臂大约成直角。
如图 2.5 所示。

(二) 外旋挥拍

要领如下:
① 抬高肘关节,拍头指向地面,前臂先内旋。
② 不做停顿,前臂反向外旋击球,肘部伸直。
如图 2.6 所示。

图 2.5

图 2.6

(三) 过顶挥拍

要领如下：
① 站好位置，看准来球，做好击球准备。
② 在击球过程中，球拍挥向相反方向，由左侧肩部引拍位置返回向右肩，髋部和肘关节向前。
③ 肘关节带动前臂快速有力地内旋将球击出。
④ 击球后，几乎伸直的肘关节继续带动前臂内旋，拍子继续挥完并慢慢停止于身体左侧。

如图 2.7 所示。

三、发球

发球分为正手发球和反手发球，按照球在空中的飞行弧线又可分为网前球、平高球和高远球，其中高远球一般采用正手，其余发球方法正反手均可用。无论用何种方式发球，在把握好发球时机的同时，还要注意发球动作的隐蔽性、突变性、落点多样性等。

(一) 正手发球

正手发球时持球手的拇指、食指和中指轻巧地捏在球的羽毛和球托之间，羽毛向上，球托向下。

1. 正手发高远球

这是一种带有攻击性的发球，弧度较大，球速较快，直落对方底线。

动作要领：左手将球平稳抛落，右手向右下方做小回环挥引球拍，向左转体，重心移向左脚；在球下落击球点时，右手手腕由伸、展至收，并带动手指发力握紧球拍在身体右侧与髋同高位置击中球；前臂继续随前，肘部弯曲并随惯性自然向左肩方向挥摆。如图 2.8 所示。

图 2.7

图 2.8

2. 正手发网前短球

正手发网前短球是用正手握拍,以正拍面击球,使球轻轻擦网而过,落在对方前发球线附近的一种发球方法。其特点是飞行弧度低、距离短,可以有效地限制对方直接进行有力的进攻,是一种常见的发球方法。如图 2.9 所示。

图 2.9

动作要领：与发正手高远球动作基本相同，主要区别在于击球瞬间拍面仰角要小，力量轻而巧。

(二)反手发球

下面主要介绍反手发网前短球:

反手握拍,以反拍面击出与正手发网前短球飞行弧度一样的球为反手发球,其作用与正手发短球相同。

动作要领:右脚在前,身体重心在前脚,右手持拍伸向左侧,肘部高抬,前臂提起,反手握拍且拍杆向下,左手持球于拍面前、腰线以下的位置,球托斜向拍面;球拍后引,前臂前挥,击球瞬间握紧球拍,拇指用力顶推;球击出后,球拍有随球动作。如图2.10所示。

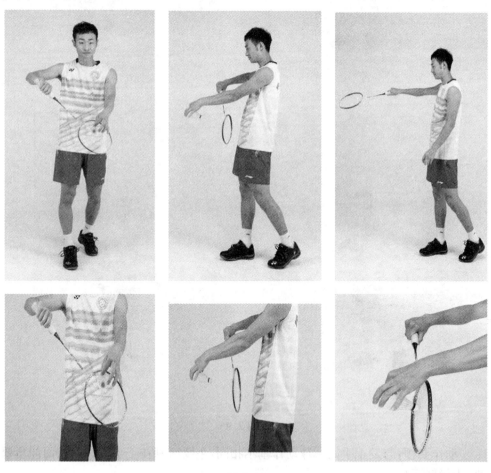

图 2.10

四、击球

(一) 击球技术的分类

击球技术有三种分类方式:按击球点分类、按击球时击球者在场上的位置分类、按球的飞行弧线分类。

1. 按击球点分类

① 正拍:用持拍手掌心一边的拍面击球称为正拍(图2.11)。

② 反拍:用持拍手手背一边的拍面击球称为反拍(图2.12)。

图2.11

图2.12

③ 头顶球:用正拍拍面击打反手区肩部上方的来球称为头顶球(图2.13)。

④ 上手球:击球时击球点在击球者肩部以上的称为上手球(图2.14)。

图 2.13

图 2.14

⑤ 下手球:击球时击球点在击球者肩部以下的称为下手球(图 2.15)。

图 2.15

2. 按击球时击球者在场上的位置分类

① 前场球:前发球线附近至球网的区域。
② 后场球:从端线至场内 1 米左右的区域。
③ 中场球:前、后区域之间的部分。
④ 左右场区:以发球区中线为界,分为左、右两个场区。
如图 2.16 所示。

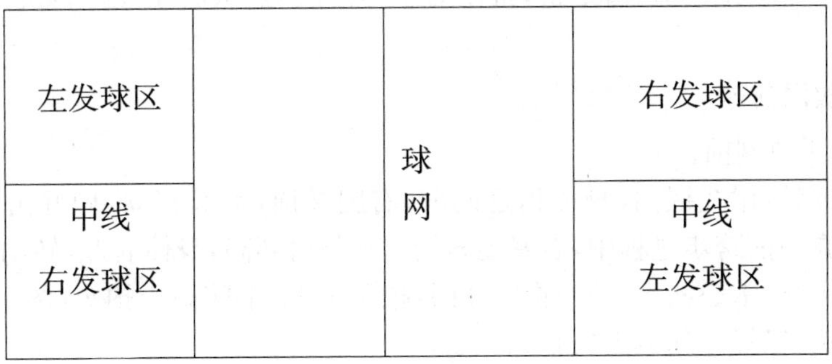

左发球区		球	右发球区
中线 右发球区		网	中线 左发球区

图 2.16

3. 按球的飞行弧线分类

① 高远球:从场地一边的后场,以高远弧度击打到对方后场。
② 平高球:从场地一边的后场,以较低的弧度击打到对方后场。
③ 平射球:从场地一边的后场,以较平的弧度击打到对方后场。
④ 抽球、挡球:击球点在击球者身体两侧或近身,把球以近乎与地面平行的弧度击打到对方场区,挥拍动作幅度较大的称为抽球,幅度较小的称为挡球。
⑤ 扣杀球:击球者从场地的中、后场,使球快速向下近乎直线飞落至对方场区。
⑥ 吊球:击球者从场地的后场以较轻的力量把球以向下的弧度击落到对方近网区域。
⑦ 挑后场球:又叫挑高球,在中、前场把低于球网的球向上以较高的弧度击挑到对方后场区域。
⑧ 放网球:把球从本方网前挑落至对方近网区域。
⑨ 扑球:在近网高处把球以高压直线向下击打到对方场区。
⑩ 勾对角球:在网前把球以对角路线击打到对方另一侧网前。
⑪ 搓球:用拍面切击球托,使球旋转并翻滚过网,落入对方场区。

(二)各种击球技术的要领

下面按照击球者在场上的位置介绍各种击球技术要领。

1. 前场击球技术

前场击球技术包括网前搓球、推球、勾对角球、扑球和挑高球等,处理网前球要求击球者握拍要活,手指手腕要灵巧,击球动作要小,以便控制好球的落点。前场击球因球的飞行距离短、落地快,常使对手猝不及防,从而在攻防转换中可以掌握主动。

(1) 放网前球

① 正手放网前球

动作要领:钳式握拍,身体稍近网前,右腿在前,上肢直立,做好击球准备(图2.17);右脚向前跨步过程中,右臂逐渐抬起至与肩同高,身体右倾,转动前臂,使拍面与地面平行,掌心向上,拍头指向球网,拍头下沉,手腕高于拍头(图2.18),并迅速抬平拍头,轻轻将球击出(图2.19)。

图 2.17

图 2.18

图 2.19

② 反手放网前球

动作要领：钳式握拍，身体凑近网前，上肢直立（图 2.20）；在向前跑动过程中做好击球准备，右臂抬起，高于肩，身体左倾至反手姿势，使拍头与地面近乎平行，掌心向下，拍头指向球网（图 2.21）；球在下降过程中，拍头下沉，手腕高于拍头，并迅速抬平拍头，轻轻将球击出（图 2.22）。

图 2.20

图 2.21

图 2.22

(2) 勾对角球

① 正手勾对角球

动作要领：钳式握拍，身体凑近右网前，上身自然前倾（图2.23）；击球时前臂快速内旋，挥拍击球托的右侧下部，使球横穿落入对方网前（图2.24）。击球瞬间手臂尽量伸直，拍头倾斜时击球，击球托的右侧下部，击球点越高越好。

图 2.23

图 2.24

② 反手勾对角球

动作要领：反手钳式握拍，身体凑近右网前，上身自然前倾（图2.25）；当球飞过网时，球拍随小臂前伸平举。前移脚步，球拍随手臂下沉，并短促外旋前臂击打球托的左侧后部,使球沿对角线飞越过网(图 2.26)。

图 2.25

图 2.26

(3) 搓球

搓球是指在网前用球拍切击球托,使球旋转翻滚过网的击球方法,搓球其实是从放网前球技术的基础上发展起来的、有较强进攻性的放网技术。

① 正手搓球

侧身对右边网球,正手握拍,球拍随前臂伸向右前上方斜举(图 2.27)。

图 2.27

当球拍举至最高点时,右前臂向外旋转将球拍切击球托或刺向来球,使球旋转翻滚过网(图 2.28)。

图 2.28

② 反手搓球

反手搓球主要靠前臂的前伸外旋和手腕由内收到外展的合力。在移动过程中提高手腕,拍头略微下沉,手腕高于拍头,右臂前伸,向球刺去,使球侧旋或下旋滚动过网(图2.29)。

图 2.29

(4) 推球

推球是指把对方击来的较高网前球,用推击的方法向对方底线击出弧度较平、速度较快的球。推球平直、快速,但落点不好控制。

① 正手推球

凑近网前,右脚在前,球拍向右侧前方举;击球前前臂迅速外旋,肘关节随手背弯曲,拍面正对来球;推球时手指控制拍面角度,使拍子急速由右方经前上至左挥动推球,拍子预摆幅度要小,发力要短促快速(图2.30)。

图 2.30

② 反手推球

站在网前,反手握拍,前臂向前上方伸举;肘关节微屈,手腕外展,反拍面迎球;击球时,前臂前伸并带外旋,手腕由外展到伸直闪腕,拇指顶压,向前方挥拍推击球托侧后部,使球以较平弧线飞行(图2.31)。

图 2.31

(5) 扑球

扑球是当来球在网顶上方时,用正手或反手以最快的速度上网扑压来球的技术动作。扑球动作速度快,球的飞行线路短,往往使对手措手不及,是一种颇具威胁性的进攻技术。扑球分为正手扑球和反手扑球,其线路有随身、直线及对角线三种。

① 正手扑球

动作要领:要有预判与准备以凑向网前,右脚在前,上身自然前倾(图2.32);击球过程中,手腕用力使手背向下压,拍头正对击球者,并迅速伸展肘关节,手臂快速内旋,手腕向下发力将球向下扣向对方场地(图2.33)。

扑球后,球拍随手臂回收,同时注意动作缓冲,控制重心,以免身体触网(图2.34)。

② 反手扑球

动作要领:身体右侧前倾,有爆发力地上网,上体直立(图2.35)。反手握拍举向左前上方,并将握拍变为拇指握拍法(图2.36)。

在跑动跃起过程中拍头高举过头,向左转动拍子,使拍面正对球网,肘关节向下,拍头向上,手腕向拇指方向用力,向前臂方向弯曲,并快速用力展腕向下扣球(图2.37)。

图 2.32

图 2.33

图 2.34

图 2.35

图 2.36

图 2.37

(6) 挑球

挑球是指把对方击来的网前球挑高,击回对方后场,这是一种处于较为被动的情况下采取的击球方法,为重新调整战术赢得时间。同样,挑球也分为正手网前挑球和反手网前挑球两种。

① 正手网前挑球

动作要领:身体凑向网前,做好准备,拍头朝向球网,右脚在前(图 2.38)。

在跑动过程中右脚向前跨步,握拍手臂轻轻外旋向后方转动,使拍头指向边线,保持上体重心平稳。在右脚落地后用食指和手腕的力量向前挥拍,前臂继续外旋,手腕随手臂弯曲,击球时以肘关节为轴前臂快速有力内旋,在膝盖右前方将球向前上方击出(图2.39)。如果球拍向右前上方挥动,则挑出的是直线高球;如果球拍向左前方挥动,则挑出的是对角高球(图2.40)。

图2.38

图2.39

图2.40

② 反手网前挑球

动作要领:反手握拍举在胸前,击球前右臂往后抬肘引拍,拍头指向身体左侧,拍头向上,右肘弯曲(图2.41)。

右脚向网前跨出,重心在前,以肘关节为轴快速上举,前臂内旋,手腕由屈至伸闪动,快速经体前由下向上挥拍击球(图2.42)。

如果球拍自左下方向左前上方挥动击球,则挑的是直线高球;如果球拍由左下方向右前上方挥动击球,则挑出的是对角高球。

图 2.41

图 2.42

2. 中场击球技术

中场击球技术主要有两种,即中场接杀球和中场平抽快挡球。接杀球有接杀放网前球、接杀网前勾对角球、接杀挑后场高球和接杀平抽球等几种技术,而中场平抽快挡球主要运用于双打比赛中。接杀球属于防守技术,但只要反应快、技术娴熟,对回球的落点和线路控制得当,往往可以创造出由守转攻的战术条件。下面重点介绍常用于单打技术的接杀放网前球和平抽球,两者又分别分为正手和反手两种技术。

(1) 正手接杀球

以正手握拍,用正拍面(在身体右侧)将对方杀球以放网前球回击到对方网前。

动作要领:屈膝平行站立,两脚稍宽于肩,眼睛注视来球,做好击球准备;右脚向侧前方跨出一步,放松握拍,用正拍面对准来球;前臂内旋,上肢倾向一侧,前臂上举,拍子轻轻触球;击球后,随拍动作向网前方向挥动,回收于体前(图2.43)。

图 2.43

(2) 反手接杀球

以反手握拍,用反拍面在身体左侧将对方杀球回击到对方网前。

动作要领:准备击球前,两脚屈膝并稍宽于肩站立,眼睛注视来球;左脚向左侧前方跨出一步,重心移向左脚,右臂向左侧伸出,放松握拍,反拍面对准来球;击球时,右脚在前,前臂外旋,上肢倾向一侧,前臂上抬,拍子轻轻触球;击球后,持拍手臂随惯性向前上方挥动,身体顺势转向面对球网(图2.44)。

图 2.44

(3) 正手平抽球

正手握拍,把在身体左右两侧、肩下腰上的来球以平抽的方式回击到对方半场。

动作要领:两脚平行站立并稍宽于肩,右脚向前迈出一小步,身体稍向右倾;球拍上举,击球手与头持平,拍头向上,肘关节向下;肘关节外摆、前臂外旋,引拍至体后;击球时迅速内旋前臂,肘关节展开并举到与肩平的位置高速平抽来球(图 2.45)。

图 2.45

(4) 反手平抽球

反手握拍,把在身体左右两侧、肩下腰上的来球以平抽的方式回击到对方半场。

动作要领:右脚前交叉在身体侧前,重心位于左脚,右手反手握拍在身体左侧前方;当球过网时,肘部上举,前臂内旋,引拍至身体左侧;击球时,左脚蹬地,髋关节右转,带动前臂外旋至反手位击球;击球后,球拍随挥至身体右侧前方(图 2.46)。

图 2.46

3. 后场击球技术

后场击球技术又称为高手击球,即击球点高于头部的击球,一般用来在后场主动进攻或控制、调动对方,所以也称为后场主动进攻技术。可分为正反手高远球、正反手吊球、正手杀球和平高球等。在羽毛球比赛中后场击球技术是非常重要的技术。

(1) 正手高远球

采用正手握拍法,用正拍面击出的击球点在身体右侧上方的高远球,称为正手高远球。正手高远球可分为原地高远球和起跳高远球两种。初学者可从原地正手击高远球开始,然后过渡到起跳高远球。

动作要领:判断来球的方向和落点,然后向右后方转体侧身后退,使球处在自己头部前上方的位置;左肩对向球网,左脚在前,重心在右脚;左臂屈肘,左手自然高举,右手握拍将球拍举在右肩上方;手腕和拍面稍内旋,眼睛注视来球(图2.47)。

击球时,肘关节上提,将球拍后引至头部,后脚蹬地、转体收腹,以肩为轴,大臂带动小臂快速向前上方甩腕,在手臂伸直的最高点击球(图2.48)。

图 2.47

图 2.48

击球后,球拍随惯性向前下方挥动并收拍至体前,与此同时,右脚向前迈出,身体重心由后脚移向前脚(图2.49)。

图 2.49

(2) 反手高远球

当对方将球击到本方左后场内,以反手将球击回对方底线的高远球称为反手高远球。其目的是在被动的情况下,通过反手高远球过渡,在节省体力的同时帮助自己重新调整站位。

动作要领:判断来球的方向和落点,然后迅速将身体转向左后方;移动步伐,最后一步用右脚交叉跨到左侧底线,背对球网,身体重心在右脚上,使球处在右肩上方(图2.50)。

  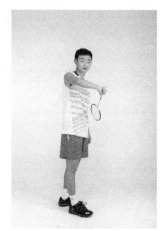

图 2.50

击球时,用大臂带动小臂,在肘关节上抬至与肩同高时再用小臂带动腕部,通过手腕的闪动,自下而上甩臂将球击向对方后场(图2.51)。

图 2.51

在最后用力时,注意拇指的侧压与甩腕的配合以及两腿蹬地、转体等全身的协调用力。

(3) 正手吊球

击球准备和前期动作与正手高远球相同,但击球点比正手高远球稍前,拍面正面向内倾斜,手指手腕用力做快速切削下压动作,如果劈吊直线,则拍面对正前方向下方切削;如果劈吊斜线,则球拍切削球托的右侧并向左下方发力。

动作要领:左臂在前并朝向来球方向,然后向右后方送髋转体,重心在右脚;球拍举向右肩上方,手腕、拍面稍内旋,眼睛注视来球(图 2.52)。

图 2.52

击球时,上臂后引,肘关节上提,将球拍后引,自然伸腕(拳心朝上),后脚蹬地,转体收腹,以肩为轴,大臂带动小臂快速向前上方甩腕,在手臂伸直的最高点击球(图 2.53)。

图 2.53

击球后,随拍动作收拍至体前。身体重心由后脚移向前脚。

(4) 反手吊球

击球前的动作与反手高远球基本相同,不同之处在于击球时拍面的控制和力量的运用。吊直线时,用球拍反面切削球托的中后部,向对方右网前发力;吊斜线时,用球拍的反面切削球托的左侧,向对方左网前发力。

动作要领:轴关节上举,前臂内旋,拍头向左髋下沉,手腕随手臂弯曲(图2.54)。

图 2.54

肘关节不做停顿并有力、快速展开,前臂外旋,在肘部上举与肩同高时,转为小臂带动腕部,通过手腕的闪动,自下而上甩臂将球击出(图 2.55)。

图 2.55

(5) 正手杀球

杀球指把对方来球在尽量高的击球点斜压下去，这种击球方法力量大、弧线直、落地快、威胁大，是进攻的重要技术。这里主要介绍常用的正手杀球。

动作要领：左手自然上举，抬头注视来球，右手持拍于体侧。屈膝下降重心，准备起跳。

起跳时右臂后引，上体舒展（图 2.56）。

图 2.56

空中收腹，腰腹带动大臂，大臂带动小臂，小臂带动手腕，用力挥拍击球，杀球后前臂随惯性前收（图 2.57）。

图 2.57

第二节 羽毛球运动基本战术

羽毛球既可以两人对打(单打),也可以二对二或三对三(双打或集体会战)。单打除了靠平时不断训练提高自己的技术外,在比赛中还要清楚地认识到自己的长处和不足,并分析对手的技术特点,以便取长补短。而双打除了要发挥自己的技术特长外,还要养成协调配合的战术素养,培养集体主义精神。

一、单打实战攻略

(一) 发球定位与接发球站位

1. 发球定位

根据羽毛球比赛规则,发球要在适当的位置进行,一般来说,发球者的分数为0或双数时,双方球员均应在自己的右半区发球和接发球;当发球者的分数为单数时,双方球员均应在自己的左发球区发球和接发球。

2. 接发球站位

单打时接发球站位又叫中心守护位置,即要守住整个场地的站位位置,一般是位于中心线与发球线交叉处稍后一点区域,不过具体站位还需要考虑自身的特点。

3. 等待发球

左脚在前,重心慢慢前移,全身预先做好准备;击球手臂上举,拍头朝向球网;集中注意力判断对方发什么球。

(二) 单打战术类型

1. 高远球压制,控制后场

羽毛球后场战术是通过击高远球重复压对方的底线两角,使对手陷于被动,并寻找机会反攻。运用这种战术来应对后场技术能力较差、后退步法不好又急于上网的对手较为有效。

2. 打四角球，高短结合

运用这种战术可以通过打落点，逼迫对手前后奔跑，疲于应付，并在其回球质量下降而露出破绽时给其致命一击。此战术对移动步伐较慢、体能较差、攻防技术不全面的对手非常有效。

3. 下压攻前场，控制网前

运用此战术，自己要有很好的网前击球技术，而对手网前技术一般方能较为有效。

4. 前后场快速拉吊结合

以杀球配合吊球将对方的高球下压，落点控制在两条边线附近，在对手回网前球时，迅速上网采用搓球、勾对角球或平推球，创造在中场扣杀的机会。运用此战术，需要具备很好的控制杀、吊球落点的能力，才能让对方陷于被动。

二、双打实战攻略

(一) 双打站位

羽毛球双打比赛能最大限度地发挥两人技术的站位有四种：防守站位（并排站位）、进攻站位（一前一后站位）、防守补位和进攻补位。这里重点介绍前两种站位。

1. 防守站位

两人面对球网，并排站在中场左右两区，每人控制自己所在的半区，本着正手优于反手的原则进行击球，每次击球后又迅速回到中心位置去。

优点：球员对球场的宽度有足够的控制力，尤其对抽球有很好的防守，而且利于防守后场球。

缺点：两个球员必须在整个半场前后奔波，当球打到中线位置时，容易球拍相撞或漏球。

2. 进攻站位

进攻站位是指球员面对羽毛球网前、后排成一列的站位方式。

优点：能够对付对方打出的远近不同的球，也可以打出扣球和高远球等后场球，对左右两个方向的球都有很强的攻击力。

缺点：球员需要在半场中左右奔波，当对手把球打到两人之间时，容易发生误会和差错，造成漏球。

(二)双打发球站位

由于双打的后发球线比单打短(短约 0.76 米),发高远球容易被接发球方大力扣杀而处于被动,一般使用发短球技术为主,而发短球的质量、线路及弧线落点的变化在双打中尤为重要,发球者的站位不同,对发球的路线、弧线、落点等都有影响。

1. 发球者贴近前发球线和中线

这种站位适合反手发网前内角,球过网后球托向下,不易被对方扑击,由于站位靠前,也便于第三拍衔接封网。但由于站位靠前,不宜发平快球。

2. 发球者站位离前发球线半米左右,靠中线

这种站位对发球者来说选择较多,可以正反手发网前球、平快球、平高球,发球线路也可以有多种选择。但由于球的飞行时间长,对方有较多时间判断处理。

3. 发球者站在离中线较远处

这种站位主要用于在右场区以正手和在左场区以反手发平快球攻对方双打后发球线的内角位,配合发网前外角。但由于这种发球线路长,对反应慢、攻击力差的对手有一定威胁,对有准备的对手效果不大,还容易使自己陷入被动,因而在双打中,这种发球只能作为一种变化手段。

(三)双打接发球站位

1. 接发内角位网前球

以扑或轻压对方两边中场及发球者身体为主要攻击点,配合网前搓、勾等其他线路。

2. 接发外角位网前球

除了接发内角位网球攻击点外,还可以平推对方底线两角以调动对方队员到边角,从而使对方防守面积变大而陷入被动。

3. 接发内角、外角后场球

以发球者为攻击点,扣杀追身球压迫对手,也可以用平高球打到对方底线两角。发球者在后场球发出后,如果后退准备接杀,就可运用吊球技术将球吊落在发球者的对角。

(四)双打战术类型

1. 进攻一人战术

进攻一人战术又称"二打一"战术,就是集中攻击对方有明显技术弱点的队员。双打比赛中双方两个队员的技术水准,一般会有一名相对差一些,即便两位选手水平较为平均,但若能集中火力攻打其中一位选手,也定会给其造成心理压力,从而使其出现破绽和失误。

2. 进攻后场战术

如果对方后场能力较差,或者把较弱一方调动到后场后往往可以运用此战术。此战术多采用平推球、平高球和挑底线球把对方较弱一方逼在底线,使其在回球质量不高的情况下取得进攻主动。

3. 进攻中路战术

当对方两队员分左右站位防守时,可以运用此战术,其意图就是将球攻击到对方两人中间;如果对方是分开前后站位进攻时,可将球下压或平推至半场两边。这种战术若运用得当,可以使对手在防守时因互相抢球或让球而失误。

4. 前封后攻战术

当本方处于前后站位主动进攻时,可以运用此战术。后场球员通过杀球或吊网前球,迫使对方接挡网前球,为本方前场球员创造封网扑杀球机会。而前场队员要积极进行封杀,迫使对方被动挑后场高球,为后场同伴创造杀吊机会,一旦对手挑半场高球,本方将获得直接得分的机会。此战术要求前后场进攻队员配合默契。

第三章 羽毛球运动身体素质训练与评价

第一节 羽毛球运动的身体适应

一、非周期性适应

现代羽毛球运动最突出的一点是,它集中体现了当今人类体能与技能的一系列变化,而这一系列变化直接反映着当今科学技术的发展和社会进步的成果。

要打好羽毛球,必须有良好的身体素质。尤其在集力量、速度、耐力、灵敏和柔韧五大素质于一体的羽毛球比赛中,运动员要长时间、快速地在球场前后左右移动,蹬、跑、跨、跳,并结合上肢的击球动作。有人曾做过统计,一场高水平的羽毛球比赛耗时60~90分钟,移动距离在3 000米以上,其运动强度不亚于一名足球前锋。所以,作为一名优秀的羽毛球选手,不但需要精湛的技术,而且必须具备非常全面的身体素质。

羽毛球的身体训练有它的专业特点,主要体现在反应速度、动作速度和脚步移动速度及幅度,所以训练时要有针对性、选择性,要注意实效性。

羽毛球运动是一项技巧性极强的、以进行击球对抗的一项球拍类体育运动项目。1.55米高的球网将羽毛球场地平分为两个半场,参加运动的双方,用羽毛球拍相互在空中击打共用的一只羽毛球,将球从网上击入对方场区,以使球落地或是迫使对手击球出界为胜。竞赛没有时间限制。

羽毛球非周期性技术特点决定了其专项素质是非周期性各项运动素质的组合。在进行该项运动时,虽然就击球时某单个的击球手法和移动步法来看,是有一定规律的,但是由于来球方向左右不定,来球角度和弧度有高有低,来球距离有长有短和来球力量有小有大等不确定因素的影响,使来球的落点变化无常,因此运动中技术动作无固定规律,在其相关联的因素间没有固定和死板不变的模式,一切技战术都是在"动态"的状况下完成的。同一种情况可以采用几种不同的处理方法，而且同一种情况，由于对手当时的状况不同，回击球对自己的影响也是不同的。

羽毛球变速、非周期性运动的特点，要求选手在场上有全方位的出击能力，在场上空间身体前、后、左、右、上、下等的各个变化无常的位置状况下，选手从判断来球方向到起动、移动击球这一短暂时间里，要运用快速、变速、变向和充分伸展身体的能力，向来球的各个方向运用交叉步、垫步移动，加以跨步、蹬跨步、蹬跳步、起跳等各种步法动作，才能击出漂亮、有威力的球。羽毛球运动这种非周期技能性特点，决定了强大的速度力量、速度耐力、素质能力是这一运动的素质基础。

二、比赛无时限性适应

羽毛球比赛是三局二胜制，最先得到规定分数的一方获胜，不受时间限制。大型世界比赛中，无论是单打还是双打比赛，选手双方实力相当，比赛中谁也攻不下谁的情况比比皆是，有时一个回合的竞赛就要打 100 多拍，拿一分都非常不容易，双方体力消耗巨大，这种发展趋势，使比赛变得更加艰苦，对选手身体素质、能力的要求也就更高了。

羽毛球竞赛方式要求选手具备在一两个小时的比赛中随球忽快忽慢不停移动、起跳、挥拍击球等较长时间的肌肉持续工作能力，这种素质与一般的长跑选手所具备的周期性运动耐力素质不同。它是一种与羽毛球运动相似的专门化速度耐力素质。如耐久力很好的长跑选手，在羽毛球场地上比羽毛球选手出现疲劳要快。因为长跑选手习惯于持续的周期性技术运动，而羽毛球选手则要求的是一种高强度变化，并与速度和灵敏度紧密结合的专业性速度耐力。其变化幅度的强弱则取决于竞赛双方选手的场上对抗质量。

三、快速爆发力量适用方法

羽毛球以每小时 200 多千米的速度运动，即在空间运动的速度极快，因此，它对选手的灵敏性素质能力提出了很高的要求。选手在运动中表现出从一种动作状态转变到另一种动作状态的速度是否快，对来球的判断反应是否快捷和准确，都会直接影响控制与反控制中的主动权。任何一项技战术的运用实施，都离不开选手的反应快、判断快、起动快、移动快、蹬跳快、击球动作快、回动快，选手既要在变幻莫测的瞬间判断来球的方向、迅速向来球方向移动击球；同时战术的变化也要快，要根据对手的位置迅速决定回击的对策。因此,羽毛球选手只有具备了快速灵敏的素质能力、思维能力,才能在高速的激烈竞争中立于不败之地。

从羽毛球选手在场上身体运动的动作来看,选手的上肢运动是通过手臂肌肉运动产生爆发力,并使这一力量经过羽毛球拍将球击出。下肢运动是下肢肌肉在力的作用下迅速产生快速位置移动,使人体在短时间内达到一定的距离,协调上肢完成击球动作。因此,这一运动方式决定了羽毛球运动需要的力量素质,一方面,必须与速度素质联系在一起,是一种动力性的速度力量,即爆发力。这种力量素质要求在短时间里产生快速强大的爆发性力量。下肢爆发性的起动蹬力,会提高身体的移动能力。上肢爆发性的手指与腕部力量,会使击球动作更加有力。另一方面,由于竞赛的无时限性,又要求这种速度力量具备一定的耐久性,因此在速度力量的基础上,还要发展耐力力量。

第二节 羽毛球运动身体素质训练

羽毛球运动员身体素质训练包括意志、力量训练、速度训练、耐力训练、柔韧性训练和灵敏性训练等。

一、身体素质训练在羽毛球运动中的重要意义

(一)身体素质是选手承担激烈比赛与训练的基础

羽毛球运动快速、灵活、对抗激烈、变化多端等特点,决定了选手良好的身体素质是承担激烈比赛和大负荷训练的基础。运动项目特点不同,对选手身体素质、体力要求也不同。羽毛球运动速度快,竞争激烈,选手控制场地面积大,承担训练比赛的负荷也很大,因此没有良好身体素质能力作保证是不可能完成这种负荷的。

体力问题一直是影响当今选手临场技战术水平发挥的重要因素。比赛之初,选手们由于体能状况好,能正常地发挥技战术水平,保持一定的速度。随着比赛激烈程度的不断加剧,选手体能消耗加大,尤其到比赛的最后关键时刻,也是争夺异常激烈的时刻。这时,选手们通常因体力不支表现出技战术动作变形,主动失误增加;或速度明显减慢,受制于对方等,从而造成比赛失利。因此,体力问题是当今羽

毛球竞赛中普遍存在的问题,是选手们要克服的重要难点。目前,这一问题得到了国内外很多专业教练的认同,强调身体素质是一切训练的基础。

(二) 身体素质是提高专项技战术的基础

身体素质能力是提高、发挥和保持竞技能力的先决条件。羽毛球技战术水平的高低与身体素质能力的强弱有着密切关系,选手身体素质能力强,能促进和有利于掌握复杂、先进的技战术;相反,选手的身体素质能力弱,即使有好的技术,但身体素质跟不上,技术和战术的发展最终会受到限制。技战术水平与专项素质水平是成正比的,技战术水平高的选手,通常也具备相应的专项素质能力。

然而体能与技战术因素间的相互影响又是相辅相成的。一方面,战术不全面,对体力的消耗必然就大。例如:该攻的时候要攻,不该攻的时候也强攻,这样体力消耗大,效果也不好;基础技术粗糙、不到位、多余的动作给自己带来无谓的体能消耗。另一方面,由于技术不到位,控制球不好,自己调动不了对方,反而被对方调动,场上移动面积大,加重体力的消耗。反之,选手的战术运用正确得当,过渡球、进攻球处理巧妙,基本技术细腻、简单,控制球好等,可以减少体力消耗,弥补身体素质上的不足。

(三) 身体素质能力对减少运动损伤和延长运动寿命有重要意义

如果我们承受负荷能力不强,负荷后有机体出现疲劳,身体素质的薄弱部位就容易出现运动损伤,从而影响运动寿命。加强体能训练,提高身体运动素质水平,能增强抵抗运动损伤的能力,减少或避免运动性损伤的发生;同时,身体素质能力的提高是依靠选手有机体形态改变和机能提高来实现的。因此,身体素质训练水平越高,身体结构改变越深刻,选手机能的运动机能水平也就越高,保持专项技战术运动能力的时间也就越长。

(四) 身体素质训练过程是培养选手顽强意志力的重要手段

身体素质训练过程是向极限挑战的过程。选手在训练过程中承受负荷越大,身体结构改变越深刻,身体突破极限程度越大,体能素质水平提高也就越快。然而,这一训练过程对于承受者来说是很艰苦的。一方面,训练负荷大,需要有极强的毅力来战胜自己,克服身体在训练中的惰性;另一方面,身体训练往往动作单调、枯燥无味,较其他训练而言,大多数选手很"怕练"身体素质。身体素质训练除增强和提高运动素质外,还可以作为一种锻炼和增强选手意志力的重要手段。

(五) 良好的身体素质是选手树立信心的重要保证

训练方法、手段的不断进步和完善以及选手机能体质水平的全面提高等因素,促使现代羽毛球运动竞技水平向着越来越高的方向发展,体现为选手技战术越来越完善,对抗速度也越来越快。世界级选手的技战术全面,几乎没有什么明显的弱点。竞赛中仅靠一两拍就轻易击破对手的情况已经不存在,取而代之的是每一分的争夺都非常艰苦,往往需要通过反复多次的控制与反控制的较量才能获得。如果选手没有良好的身体素质作保障,体力跟不上这种竞技的需要,在场上经不住多拍的调动与抗争,就会因体力不支而失去与对手周旋和对抗的信心,致使急躁情绪产生,主动失误增多,出现不攻自破的局面。因此,如果我们训练有素,有充足的体力保障,就能够增加与对手抗战的信心,从而有耐心、有决心、有能力与对手周旋到底。

二、羽毛球选手身体素质训练的基本原则

(一) 科学性原则

科学的训练方法与选手的成才率有至关重要的关系。训练合乎科学规律,选手的运动竞技能力提高迅速,成才率高。在羽毛球选手的身体素质能力训练中,至少要处理好以下三个方面的关系:

一是全面身体训练和专项身体训练的关系。一般身体素质是运动的基础,专项身体素质则直接为提高专项技术水平服务。在训练中,这两种身体训练的比例安排要视选手的实际素质状况、训练年龄以及训练水准的高低来定。

二是身体训练和身体素质发展敏感期的关系。掌握身体素质敏感期规律,是选手身体素质训练取得良好效果的重要保证。身体素质一般包括力量、速度、耐力、灵敏和协调等几个方面,每一项体能素质都有其发展的敏感期,安排训练内容要遵循这一规律,围绕各种素质发展的最佳时期,有目的、有重点地进行。如少儿时期的身体素质训练,可重点安排一些柔韧性、协调性、灵敏和速度素质的练习,避免大力量和大强度的耐力素质训练。青少年时期的身体素质训练,可重点发展力量和耐力素质。训练中根据身体训练和身体素质发展敏感期的基本规律,科学地

选择训练方法、训练手段,并有针对性地安排好各个时期和各个层次上的身体素质能力的训练,使训练更合乎科学性、逻辑性、针对性和实用性,有利于收到良好的训练效果。

三是身体训练与负荷的关系。科学合理地安排运动负荷,是提高运动水平的重要因素。运动负荷指人的有机体在训练及比赛中所承受的生理负荷量。它由运动强度、时间和数量等关系因素组成,并通常受动作质量的影响。运动中动作质量好,负荷质量就高,否则同样的负荷状态下,动作质量不好,会使运动负荷受到影响。负荷强度大的训练,引起选手机体反应强烈,同时也给机体留下深刻的"刺激痕迹",随后出现的超量恢复也就更明显,人体机能水平就提高显著。根据人体机能力提高不是直线上升,而是呈波浪形前进的运动规律,身体素质训练中的运动负荷量增加要循序渐进,再经过一段时间的巩固,待身体适应了此种负荷量后,再逐步加大。具体负荷数量的安排以大、中、小合理地交替进行,避免体能训练中身体处在疲劳过度的状态下进行。衡量负荷量适宜的标准是身体在一定的疲劳情况下仍然处于适度的兴奋状态,从而不断提高和扩大工作能力。因此,运动负荷量的安排应遵循加大、适应、再加大、再适应这一基本规律。通常在训练期,身体素质训练采用数量多、强度小的形式进行。而在竞赛期,则采用练习时间短、数量少,但强度大的形式进行。

(二)系统性原则

优异的运动成绩,是选手通过多年从事不间断的、长期的系统训练,并随着身体素质的提高,各技术动作的完善而获得的。因此,为使选手取得较高的技术水准,从基础的全面身体素质训练开始,就要有长期的、全面的、系统的、不间断的、循序渐进的训练思想。在这一训练思想指导下,练习的初始阶段,在选手身体素质基础较弱、机体承受能力较差的状态下,身体素质训练内容必须由浅入深、由易到难、由简到繁。训练的负荷量也是由小到大、由轻到重,做出合理的安排。到高级训练阶段,经过多年的严格训练,选手机体已产生适应性的变化,能承受专门化训练时,可以大力加强专项性身体素质能力的训练。进入顶尖水平训练阶段,随着选手训练年限的增长,应注意加强保护性身体素质训练的内容。

(三)因人而异原则

因人而异原则运用到羽毛球选手的身体素质能力训练中,指依据每位选手的具体情况来确定训练任务,安排训练内容。合理运用因人而异原则,对提高教学训练质量有着重要意义。无论是一个班、一个队，还是一个群体里，每位选手都具有不同的特点，如年龄、个性、特长、训练水平、原始身体条件和成长环境等，因此，在教学训练中，要注意针对选手的这些不同特点，从教学训练的任务、要求、内容、负荷量和训练方法、手段等方面都要考虑这些客观因素，区别对待，遵循因人而异原则。随着训练年限的增加，训练客观因素发生变化，教学训练的任务、要求、内容、负荷量和训练方法手段等方面也要注意相应地改变。这就需要训练指导者对选手的身体情况、训练水平以及身体素质能力等方面的实情要了解、分析，并研究选手的个体差异。制定身体素质训练计划要依据每一位选手的具体实际情况，既要考虑到整体的统一要求，又要考虑到个人的不同特点和不同要求，真正做到因人施教、区别对待。这样拟定和安排的训练任务、指标、内容、方法和练习手段才会更加切合实际，也才能收到更好的教学训练效果。

（四）全面性和专门性训练相结合原则

羽毛球选手的全面性身体素质训练是指运用各种身体练习的方法和手段，使选手身体各器官的机能得到普遍提高、身体得到全面改善、身体素质能力得到全面发展，为日后提高羽毛球专项运动技能打下坚实基础。羽毛球选手专项身体素质能力训练指在身体素质训练的手段和方法上，采用与羽毛球运动特点及技术动作相同的方式，利用协调机制相似性规律，辅以专项专门的辅助性练习，提高羽毛球专项所需要的机体能力，发展羽毛球运动专项所需的身体素质能力。

机体内各器官、各系统机能之间的活动是相互联系、相互制约的，当各器官、各系统机能都相应得到提高时，有机体的工作能力和承受负荷能力得到全面提高。全面身体素质训练是进行专项运动训练的基础，选手训练初级阶段，还没有接受正规严格训练，身体素质能力较薄弱，因此这一阶段应重视全面身体素质的发展，为将来打好基础。如果这一阶段的教学训练过分地强调专项身体素质能力的训练与提高，则会使选手局部肌肉负荷过重，出现疲劳，从而导致损伤。因此，只有具备了一定的全面身体素质能力，才能加快进行提高专项身体素质能力的训练。

通过加强专项身体素质的训练，选手在短时间内使专项运动所要求的专门素质得到较快发展，从而使专项运动成绩得以提高。然而，技术水平提高到一定程度，通常其他素质又会出现相应的不足，或是机体内各器官再次出现不协调，从而使技术水平出现暂时的停滞现象。这时专项身体素质训练必须与全面身体素质训练合理地紧密结合，再次加大负荷刺激，打破机体旧的平衡状况，建立新的平衡体系，适应技术水平达到新的高度所需要的体能基础要求，将运动技术水平提高到新的高度。

全面性与专门性身体素质训练相结合原则,应根据选手的训练时限和训练水平的不同,在训练的内容和比例上而有所不同。原则上对于训练水平越低、年龄越小的选手,全面身体素质训练应多一些,以发展全面基础的身体素质训练为主,发展其专项身体素质能力训练为辅,其重点是打好全面身体素质的基础。对于训练程度高、年龄相对较大的选手,专项身体素质能力训练的比例应相对大一些,但全面身体素质训练也不可停止。

三、羽毛球运动力量训练

羽毛球运动对力量身体素质的特殊要求,决定了选手的专项力量素质应以发展速度力量和耐力力量素质为主。在选手具有一定绝对力量的基础上,重点发展该方面的素质,以保证其在长时间的比赛中能够有完成各种技术动作和正常发挥各种战略、战术的基础,同时,注意发展快速爆发力量。因此,选手在进行基础力量素质训练的同时,应着重进行一些负荷强度小、速度快、重复次数多的速度力量和耐力力量训练。具体在训练中可采用减重量、加数量的练习负荷方法,由基础性的大力量训练逐步转入专项所需要的小负荷爆发速度和耐久力量性训练。

力量素质训练分为上肢力量、下肢力量和躯干力量训练,又包括基础力量训练和专项力量训练两个部分。

专项力量素质的训练以动力性练习为主。练习过程中,总次数不可太多,但强调单位时间内速度要快,出现单位时间内速度下降,如练习重点是以发展爆发速度力量为主,可以立刻停止或是转换其他内容的练习;如该练习重点是以发展耐力力量为主,则要求选手尽力保持速度,坚持下去。另外,在进行专项力量素质练习时,还应该适当地穿插一些跑跳、灵敏性、韧性和协调性的训练,对发展速度专项力量十分必要。

发展力量素质对人体的形态结构、能量代谢、神经系统调节能力的改善以及植物性机能协调的改善都有良好的影响。少年时期,由于神经系统骨骼肌肉发育时期还不成熟,表现年龄越小,力量素质也就越差。因此力量训练根据训练者年龄特点的不同,训练的方法和要求也就有所不同。一般情况下,少年儿童启蒙阶段的力量训练重点应该是全面性的,以基础力量素质训练为主,为全面身体素质提高创造条件。随着身体发育和运动水平的提高,进入成人时期,力量素质训练重点可突出专项性,加强羽毛球专门性力量的训练。

（一）上肢基础力量练习

1. 上肢六项哑铃操练习

用哑铃进行上肢力量训练,是初学者发展力量素质的一种有效方法。根据不同的年龄,使用不同重量的哑铃,选择不同的负荷。重量大,负荷次数可以相对少一些;重量小,负荷练习次数可以相对多一些。哑铃的重量通常有3磅、5磅、7磅、10磅(1磅=0.45千克)不等,负荷次数可以安排10×3组、15×3组、20×3组和30×3组等。练习内容如下:

① 哑铃头上推举练习。
② 哑铃胸前推举练习。
③ 哑铃体侧平举练习。
④ 哑铃体前平举练习。
⑤ 哑铃护胸练习。
⑥ 哑铃体侧收腹练习。

根据上面规定的练习次数,上肢哑铃操可采用两种负荷方法进行:一是采用重量较大哑铃,每一项内容只做1组,全部6项内容完成为一大组,共练习3或6大组;二是选用重量较小哑铃,每一项内容做3小组,6项内容完成为一大组,共练习2~3大组。但此数据仅供参考,实际训练中应根据选手实际情况酌情而定。

2. 上肢静力性练习

利用负荷小的哑铃,做静止的力量练习,其目的是发展各大肌肉群的绝对力量。练习内容如下:

① 哑铃体侧平举静力练习。
② 哑铃体前平举静力练习。
③ 手腕静力对抗性练习。
④ 肩静力支撑练习。

静力性练习时间可视各人具体情况不同采用30秒至1分钟不等。

3. 上肢15~20千克杠铃练习

利用杠铃发展上下肢体协调工作能力和爆发力量练习。练习内容如下:

① 抓举提铃练习。
② 小臂体前屈伸练习。
③ 前后分腿跳挺练习。
④ 卧推举练习。

4．杠上练习

练习内容如下：

① 背卧撑练习。

② 俯卧撑练习。

③ 引体向上练习。

④ 杠上静力支撑练习。

⑤ 双杠屈撑练习。

（二）下肢基础力量练习

1．下肢各种跳跃练习

初学者发展下肢力量，一般采用各种姿势的弹跳练习方法。如果要增加负荷，可用沙衣进行。练习内容如下：

① 蹲走跳练习。

② 全蹲向上跳练习。

③ 收腹跳练习。

④ 纵跳摸高练习。

⑤ 双杠屈撑练习。

⑥ 双脚跳越障碍物练习。

2．下肢杠铃负重练习

下肢杠铃负重练习是主要利用杠铃来发展下肢肌肉群的绝对力量和爆发力量练习。练习内容如下：

① 半蹲起跳（注意脚弓的蹬地爆发力）练习。

② 全蹲起练习。

③ 提踵练习。

④ 静力半蹲练习。

⑤ 弓箭步跨步练习。

3．发展局部肌肉练习

设计一些针对性较强的练习，以发展局部小肌肉群的力量。练习内容如下：

① 直立站立，双手扶持一牢固物，脚腕绑上沙袋重物。以一条腿后屈成90°，反复练习一定次数，再更换另一条腿持续反复练习，以发展股二头肌力量。

② 坐在凳子上，脚背绑上沙袋重物，双腿由弯曲到伸直上举，或以单腿轮换伸直上举，连续练习一定数量，以发展股四头肌力量。

③ 直立，两手叉腰，脚背绑上沙袋重物，大腿带动小腿做前后向或是侧向交叉摆腿动作，以发展大腿的内、外侧和腰部肌肉力量。

4. 力量练习游戏

运用游戏的形式进行力量练习，以增加练习的趣味性。常见的力量练习游戏如下：

(1) **推车练习**

两腿被同伴抬起当作车子的扶把，以两手支撑身体向前爬行进行练习。

(2) **爬走练习**

除手脚着地外，身体的其余部分不许触地，向前爬行进行练习。

(3) **大象走练习**

模仿大象四肢着地的动作，以同侧手脚同时迈第一步，异侧手脚再同时迈第二步，以此方法交替进行练习。

(三) 躯干基础力量练习

1. 杠铃负重练习

采用负重15~20千克的方法练背肌。练习者平躺或俯卧在两条凳子上，将身体中部悬空，把重物放在身体的悬空部位，以此种姿势静力支撑数分钟。

2. 箱上或垫上练习

练习内容如下：

① 俯卧在跳箱上，脚后跟勾住肋木架，胫背部放一沙袋等重物做屈体后仰练习，借以发展躯干肌肉群的背部肌肉力量。

② 仰卧在跳箱上，脚腕勾住肋木架，手持重物或是徒手做仰卧起坐练习。此项练习同样可以在垫上练习。

③ 侧卧在跳箱上，脚腕勾住肋木架，手持重物或是徒手向体侧做侧卧起练习。此项练习同样可以在垫上进行。

④ 俯卧在跳箱上，脚腕后跟勾住肋木架，手持重物或是徒手做屈体后仰练习。此项练习同样可以在垫上进行。

(四) 指握力练习

在羽毛球的力量训练中，选手训练手部的重点往往放在手臂与手腕，因此要练就强劲的球路,自非难事,然而由于球拍设计越来越轻,使得人常会忽略指力与握力的重要性。一般在打球时,未击球状态下手指是轻握球拍的,保持拇指与食指灵活性;只在击球时才用力,以保持拍面稳定性。

握力的训练可以借由虎钳式握力器,或是做手腕来回挥动时握一些握柄较大的重物做练习,这样除了能增加握拍的稳定性,且能在比赛中迅速翻转拍面,做快球和连续性的杀球,大大减少挥拍不及的情形。因此指握力训练对欲打出质量佳的球的作用不可忽视。

(五) 手腕力量练习

比较容易实现的方法有两个:一个是挥重拍,另一个是利用器械。

挥重拍就是在平时挥动比羽毛球拍重很多的其他球拍,比如网球拍和壁球拍,或者很老的那种铁质的羽毛球拍,总之就是比常用的重一些的球拍。也可以在常用球拍的拍头包上几层报纸,或者是半截拍套,这样改造之后的球拍头较重,经常挥舞会有助于增强腕力。在练球时也可以练习腕力,就是用网球拍或者壁球拍练球,这样坚持下来,手腕力量会有明显增长。注意这个方法练习的重点是手腕的力量,在挥动的过程中要有意识地使用腕力来控制,尽量不要使用胳膊的力量。注意保护手腕,戴上护腕是很好的保护措施。

利用器械就是用杠铃或者哑铃来练习,即手握杠铃或哑铃,手腕反复屈伸。使用哑铃练习的好处是你可以只练习打球的手腕,但这一般都会造成两个手腕粗细的差异。如果对此很在意,就要同时锻炼两个手腕。练习过程中需要注意,动作快速是锻炼手腕的爆发力,而动作较慢就起不到锻炼爆发力的作用,但可以锻炼手腕的肌肉,对于腕伤的治疗很有帮助。

(六) 前臂力量练习

器械练习是前臂力量练习的最好办法,利用杠铃和哑铃,即手握杠铃或哑铃,以肘关节为支点,放下和举起手中重物。在动作上要注意,保持手腕与前臂成一条直线,不用力,这样才可以锻炼到前臂而非手腕。同样,动作快速可锻炼爆发力,放慢动作就是恢复训练而不是力量练习了。

三、羽毛球运动速度训练

速度素质是羽毛球专项身体素质训练的核心。羽毛球技战术风格中的头一条规定——"快",就是通过不同形式的速度来充分体现的。简单地说,羽毛球竞赛就是以不同形式的速度竞赛决定胜负。因此,羽毛球运动专项速度素质训练,主要是围绕发展该项运动所需要的快速反应速度、起动加速度、变向移动速度、挥臂速度和前后场配合的连续速度等方面进行的。

羽毛球运动的速度耐力,主要指在长时间的比赛或训练中,始终保持速度素质充分发挥的一种能力。根据羽毛球专项运动特点,在速度的训练中,在提高绝对速度的同时,应注意速度耐力的培养,以发展无氧和有氧的变速能力,保证比赛中一定时间内持续快速的工作能力。

下面就羽毛球运动专项速度素质训练方法做一些介绍。

(一) 专项反应速度练习

1. 视听反应速度练习

(1) 场地步法练习

听或看手势信号做快速全场移动步法,以及前场、中场和后场各种分解和连贯步法练习。

(2) 并步、垫步步法练习

看手势进行各种向前、向后、向左右两侧的场地并步、垫步步法练习,以提高选手的反应速度。

(3) 击球挥拍动作练习

听教练喊1、2、3、4数字口令,选手做出相应的事先规定好的击球动作。

(4) 起动步法练习

听或看信号做起动步法练习,提高判断反应速度。

2. 专项动作速度练习

(1) 多球练习

多球练习包括多球快速封网练习,多球双打快速接近身杀球练习,多球双打快速平抽快挡练习,多球前场快速接吊杀球练习。

(2) 快速跳绳练习

练习内容如下：

① 单足快速变速跳练习：采用1分钟快、1分钟慢的小密频步、高抬腿、前后大小交叉步等专项动作，快速变速跳练习。

② 1分钟快速双飞摇练习：1分钟内以最快速度完成双足双飞摇跳，要求突出的是速度，以次数多者为佳。

(3) 击墙壁球练习

练习内容如下：

① 封网动作快速击球练习：面对平整墙壁1米左右站立，在头前上方以小臂手腕的封网动作，向墙壁快速连续击球。

② 接杀球击球练习：面对墙壁，用接杀挑球或平抽球动作，快速向墙壁连续击打体前腰部上下位置的球。

(4) 快速挥臂练习

练习内容如下：

① 摆臂练习：用类似抽打陀螺的动作做快速摆臂练习。

② 扑球练习：用多球快速抛近网小球，做正、反手快速推球或扑球练习。

③ 挥羽毛球拍练习：按信号或节拍做各种快速挥拍动作练习。

④ 快速击球练习：运用多球，缩小场地距离，做各种位置快速击球练习。

(5) 下肢变速高频率练习

练习内容如下：

① 原地快、慢变速高频率小密步踏步练习。

② 原地快、慢变速高抬腿练习。

③ 原地快、慢变速向前向后屈腿踢练习。

④ 原地快、慢变速转髋练习。

⑤ 原地快、慢变速左右体前交叉跳练习。

⑥ 原地快、慢变速向前垫步接向后转体练习。

(6) 跨越障碍物练习

酌情选择一定障碍物，摆放成直线或是斜角，选手可以各种跑跳姿势快速穿越或跳越这些障碍物。

(二)专项移动速度练习

1. 直线进退跑练习

由场地底线开始快速全力向前冲跑至前场网前,跨步用手触网后又迅速后退至底线做起跳击球动作,然后再向前跑,依次反复练习。

2. 左右两侧跑练习

练习者面向球网,用接杀球步法向右移动触地后,迅速退回中心位置,又用向左侧移动的接杀球步法向左侧移动触地,依次反复练习。

3. 低重心四角跑练习

用上网步法向前、后四个角快速移动。

4. 杀球上网步法练习

快速连续左右跳跃扣杀、快速杀球上网步法。

5. 场地四方跑练习

沿长方形半块球场边线跑,要求在角上变换方向要快。

四、羽毛球运动耐力训练

羽毛球运动中所需要的专项耐力不是诸如长跑体能运动项目所需的长时间的持续耐力,而是一种在快速的反复运动前提下进行的间隔时间长短不一的速度耐力。比赛中数百次的反复快速起动、移动、完成击球动作,这种持续的快速运动贯穿整场比赛的始终。羽毛球运动特点对选手的无氧耐力,也就是速度耐力能力要求极高,速度耐力素质在羽毛球运动中起着极其重要的作用。因此,专项耐力素质的训练,主要应以发展强度高、间歇短的速度耐力为主。常用的练习方法如下:

(一)速度耐力练习

1. 跑步、步法练习

200米、300米或是400米全力冲跑后,没有间歇地立刻进行45秒或是1分钟全场步法练习,两项练习完成为一组。组与组之间可间歇2~3分钟,一堂教学训练课依据个人情况不同,可进行2、3、5组不等的负荷练习。

2. 各种长时间的综合跑跳步练习

内容见专项灵敏素质练习,只是加长练习负荷的时间。

3. 长时间的单、双足跳绳练习

采用专项速度素质训练中的跳绳内容,加长练习负荷时间。

(二) 综合步法练习

练习内容如下:

① 手势指挥各种步法,如网前上网步法、中场接杀步法、后场后退步法和全场范围的综合步法练习等。

② 场地上低重心四角跑练习,加大负荷量。

③ 场地前后跑练习,掌握好练习密度和强度。

④ 场地左右跑练习,控制好练习负荷量。

⑤ 长距离、长时间的场地四边练习跑,在一定范围内,选手听到信号后迅速转身向相反方向跑。

⑥ 10~15米或15~20米短距离往返跑练习。

注意练习时要增加练习的数量和时间,以达到速度耐力训练的目的。

(三) 多球耐力练习

运用多球,进行全场各种位置的连续击球练习。练习内容如下:

① 多球后场定点连续大力击高、吊、杀球练习。

② 多球连续被动接吊、杀球练习。

③ 多球连续全场杀球上网练习。

④ 多球双打后场左右连续杀球练习。

⑤ 多球全场封杀球练习。

⑥ 多球全场跑练习。

(四) 单打接球各式进攻防守练习

运用5~6个球,一人专门负责捡球,当失误出现时,不间断地立即再次发球,使主练选手保持规定时间内连续地移动击球。

① 二一式 20 分钟或 30 分钟全场进攻练习。
② 三一式 30 分钟全场接四角球和接吊、杀球练习。
③ 三一式、四一式半场或全场防守练习。

五、羽毛球运动灵敏素质训练

由于羽毛球选手必须在 35 平方米的场地上进行各种急起、急停、前后左右移动、转向、回动、跳跃等快速挥臂击球动作，因此，灵敏素质对羽毛球技术水平的提高有至关重要的影响。

下面介绍一些简便易行的基础灵敏素质训练方法。

（一）抛接羽毛球练习

练习内容如下：

① 将球向上抛起，下蹲用手指触地后，再迅速站起用右手接住球。练习中可采用游戏方式进行练习，如进行连续接 10 次球比赛，以协调配合好、完成速度快者为优胜。

② 抬起右腿，右手持球并将球从抬起的右膝下向左上方抛起，再用左手接住。

③ 两臂侧平举，右手把球向左侧方向轻轻抛过头顶，左手接住球后，再用左手把球抛回给右手。

④ 左臂向前平举，用右手把球从左臂下面向上抛起，再用右手接住球，连续做数次后，再换左手做同样的练习。

⑤ 用右手把球向上抛起，同时身体原地跳起向左转体 360°，然后接住球，再换左手向上将球抛起，同时身体原地起跳向右转体 360°后，再接住球。

⑥ 单脚站立，同侧手把球从背后经肩膀上方抛向身前，然后用抛球手接球，接球后才能把提起的脚放下。换另一只脚站立，以另一只手做同样的抛球接球练习。

⑦ 两脚左右开立，上体前屈，一手持球经胯下把球从背后抛向身前，然后身体快速站直把球接住。

⑧ 在地上画一直径 3 米的圆圈，用持拍手边跑边抬击羽毛球，沿着圆圈顺时针跑三圈，再逆时针跑三圈。跑的时候全身上下要协调配合，既要双脚踏在线上，手上也不准丢失球。

⑨ 在地上画 1 米长的直线，两头和中间各放一个球，选手持球站在线的中间，

向上抛起一个球后,分别迅速弯腰拾起地上左右两侧的两个球,然后再接住落下的一个球。

(二)应变能力练习

1. 过人游戏练习

一人设防,一人突破。在地上画一条6～10米的横线,两端做好明显标志,线两边各站一人,一人进攻,一人防守。进攻者设法越过横线而不被对方触到身体,防守者则不让对方越过横线,以伸开的两臂拦阻对方。双方移动仅在6～10米的横线内。

2. 抢球练习

分成两个组进行练习,一组传接羽毛球,另一组则设法抢接羽毛球,看哪一方控球时间长。要求控球者不能长时间持球不放,而必须适时地传球给同伴。

(三)灵敏游戏练习

通过灵敏游戏练习可以增强羽毛球运动员的灵敏素质。常见的灵敏游戏练习如下:

1. 持球过杆练习

在长20米的直线上插上10个杆,练习者做持球曲线过杆接力跑练习。

2. 踢球过人练习

相距6米,两端各站一名选手,中间3米处站一名练习者。进攻的双方力争将球踢过练习者,迫使其防守不到球,而练习者则力争截击攻过来的球。

3. 圈内截球练习

练习者围成一圈,根据练习的人数,圈内可以进一人或两人。圈外的人在圆圈空间范围内将球来回传递,圈内选手要设法截击,若触到球就算截击成功,被截住球的传球者则被换下,罚进圈内,继续练习。

4. 掷小沙包击人练习

在一个长8米、宽4米的场地内站着守方选手,攻方选手则站在场地纵向的两端,用小沙包击打守方选手。如守方选手身体的任何部位被沙包击中,则被罚下,直到全部选手罚至场下为止,守方和攻方选手再交换攻守练习。

六、羽毛球运动柔韧素质训练

柔韧素质指人体各关节活动时肌肉和韧带的弹性和伸展度。柔韧性训练，一般在一定量的热身活动后进行，这样既不至于拉伤韧带，又能循序渐进地使身体各部位韧带的韧性得到发展。另外，进行柔韧练习时应注意最大限度地拉长韧带，这样练习效果才好。

(一) 拉长身体各部位韧带练习

1. 俯背屈体练习

两足左右开立，与肩同宽站立，两臂斜上举，距离稍比肩宽。上身尽量前屈，双手先在左膝后面拍掌，再换成右膝后做同样的动作。

2. 伸展练习

两足左右开立，与肩同宽站立，两臂在胸前水平屈，掌心向下，上体向左转，两臂同时向两侧伸开，然后再向右侧做同样的动作。

3. 振臂练习

直立站立，上体微前屈，两臂后振，然后恢复准备姿势，反复练习。

4. 俯背触摸脚尖练习

两足左右开立，比肩稍宽站立，两臂自然下垂。上体前屈，以左手指尖触摸右脚尖处，再以右手指尖触摸左脚尖处，反复练习。

5. 体侧屈伸练习

两足左右开立，与肩同宽站立，两手触肩，上体向左侧屈，右臂向上伸直，做左侧屈伸练习。再以相同的动作，向右侧相反方向做右侧屈伸练习。注意手臂向上时要伸直。

6. 转腰练习

两足左右开立，与肩同宽站立，两手扶后脑，上体反复向左、右两侧做转体动作练习。先向右转，再向左转。

7. 跳跃练习

两足左右开立，与肩同宽站立，两臂侧平举，跳跃两次，然后两足并拢，双手在头顶上拍两下，同时再跳跃两次。反复以此方法做该动作练习，要求有一定频率。

8. 俯背前屈运动

脚跟并齐,足尖分开,两手扶后脑。上体向左屈一拍,再继续加强一拍,同时两臂伸直。以此方法向右侧做相同动作的练习。

(二) 拉(压)韧带练习

拉(压)韧带练习包括正面压腿练习、侧面压腿练习、后压腿练习、劈叉练习、拉压肩练习、下腰练习。

(三) 练习效果检查重点

练习效果检查重点包括:
① 能否在发球时自如地控制球的弧线和落点。
② 能否注意击球后的回动。
③ 能否在日常的练习中有意识地注意控制球。
④ 能否根据场上情况分别打出高远球或平高球。
⑤ 能否意识到如果吊球弧线比较高的话,也是一种与击球出界或击球不过网相同的失误。
⑥ 能否在组合练习时在对手击球前不移动。
⑦ 能否根据情况在劈杀、劈吊时有意识地改变拍面,打出正、反手的劈球。
⑧ 能否在打近网球时有意识地变化球的落点。
⑨ 能否在平抽球的练习中突然上网推球。
⑩ 能否在搓球时使球旋转。
⑪ 能否在击球前有意识地观察对方的位置。
⑫ 能否准确地判断出对方击出的球是否出界。
⑬ 能否自如地控制击球的力量。
⑭ 能否在杀球时准确控制球的线路。
⑮ 能否在移动中始终运用正确合理的步法。

第三节　羽毛球运动身体素质评价

一、爆发力素质评价

（一）羽毛球掷远

1. 测试方法

选手左脚在前,右脚在后(左手持拍者相反),站在规定的起始位置上,用持拍手握持羽毛球,屈膝伸臂,以近似鞭打的动作全力向前方抛掷羽毛球。抛掷距离越远,成绩越好。选手可掷三次或是五次,取其中成绩最远的一次,测量起始线至球托着地点后沿之间的垂直距离。

2. 评价参考标准

优秀:女子青少年,9.10～9.35米;男子青少年,9.96～10.20米。
良好:女子青少年,8.59～8.97米;男子青少年,9.48～9.84米。
合格:女子青少年,8.34～8.47米;男子青少年,9.24～9.36米。

（二）双杠双臂屈撑

双杠双臂屈撑可用来测量选手肩背和大臂部位的肌肉力量。

1. 测试方法

选手双手支撑于双杠上,双臂进行屈撑运动。

2. 评价参考标准

屈臂时大臂与小臂间角度必须近似90°,大臂与肩部几乎平行,计算一次。选手不计时连续运动,以一次性运动次数多者为优秀。

（三）握力

1. 测试方法

该方法采用握力器,来测量选手持拍手臂、手腕和手指部位的肌肉力量。具体方法是选手以持拍手全力握捏握力器,根据握力大小以千克计算,一次性握力千克数多者为优秀。

2. 评价参考标准(握力器显示千克数)

优秀:女子青少年,39~41千克;男子青少年,60~64千克。
良好:女子青少年,35~38千克;男子青少年,53~59千克。
合格:女子青少年,33~34千克;男子青少年,50~52千克。

（四）立定跳远

立定跳远主要测试下肢爆发力。

1. 测试方法

选手两脚自然开立,站在起跳线后,屈膝、摆臂、蹬地全力向前方纵跳,落地时以双足着地。测量起跳线与双脚着地点后沿之间的短线距离,距离越远者越好。每人跳两次,取成绩较好的一次。

2. 测试参考标准

优秀:女子青少年,2.33~2.38米;男子青少年,2.85~2.94米。
良好:女子青少年,2.22~2.30米;男子青少年,2.68~2.84米。
合格:女子青少年,2.17~2.20米;男子青少年,2.59~2.63米。

（五）纵跳

纵跳主要测试下肢爆发力。

1. 测试方法

选手两脚自然开立,屈膝、摆臂、蹬地全力向上方纵跳,然后以双足着地。测量从地面至起跳脚尖之间的距离高度,以距离高度高者为优秀。

2. 测试参考标准

优秀:女子青少年,54~57厘米;男子青少年,74~78厘米。

良好:女子青少年,48～52厘米;男子青少年,66～72厘米。

合格:女子青少年,46～47厘米;男子青少年,62～64厘米。

(六) 获得爆发力的技巧

打羽毛球时获得爆发力的基本动作是:正手外旋,反手内旋。产生手腕爆发力的简单步骤如下:

① 引拍,拍头后仰,手心向上。

② 用拍柄底部向球方向猛击,导致手臂突然伸直,此时手臂运动的突停使拍头自然向前高速甩出。

有效的练习方法如下:

① 握一个套半拍套的球拍,平躺在床上。手臂在体侧自然平伸,贴在床上。

② 小臂外旋,手腕上扬,令球拍反面打在床上。

③ 小臂内旋,食指第二节压在拍柄宽面上用力将球拍正面打在床上,声音越响越好。

④ 反复快速重复步骤②和③。30～40次为一组。多次练习。

练习中手臂要始终在体侧平伸轻轻贴在床上,其目的在于避免手臂用力,便于体会单纯手腕发力。由球拍打在床上的声音判断自己的力量。套拍套的目的是加强阻力,通过反复练习增强手腕力量。

二、速度素质评价

(一) 50米冲刺跑

1. 测试方法

选手于起始线准备起跑,听到口令后迅速起跑并全力加速向终点方向跑。计时员看见或听见信号时开表计时,当选手胸部至终点时停表,计算时间,以时间短者为优秀。

2. 测试参考标准

优秀:女子青少年,7.3～7.5秒;男子青少年,6.4～6.6秒。

良好:女子青少年,7.5～7.8秒;男子青少年,6.6～6.9秒。

合格:女子青少年,7.9秒;男子青少年,7.0秒。

(二) 100米跑

1. 测试方法

选手于起始线起跑准备,听到口令后迅速起跑并全力加速向终点方向跑。计时员看见或听见信号时开表计时,当选手胸部至终点时停表,计算时间,以时间短者为优秀。

2. 测试参考标准

优秀:女子青少年,14.2～14.5秒;男子青少年,12～12.3秒。
良好:女子青少年,14.7～15.2秒;男子青少年,12.5～12.9秒。
合格:女子青少年,15.3～15.5秒;男子青少年,13.1～13.2秒。

(三) 5次直线进退跑

1. 测试方法

选手站在双打后发球线后面,听到口令后(同时开表),采用上网步法直线上网。当前脚踏至或者超过前发球线后,再用后退步法直线后退至双打后发球线以外。当脚踏至或者超过双打后发球线时,为完成一次进退跑。依次反复进行往返跑动5次。第5次完成后停表,计算时间,以时间最短者为优秀。

2. 评价参考标准

优秀:女子青少年,13.4～13.6秒;男子青少年,13.4～13.6秒。
良好:女子青少年,13.7～14.3秒;男子青少年,13.7～14.3秒。
合格:女子青少年,14.6～14.9秒;男子青少年,14.6～14.9秒。

(四) 5次左右两侧往返跑

1. 测试方法

选手站在中线处,听到口令后(同时开表),采用向右侧移动的步法至单打边线处,用持拍手触摸单打边线后,面向球网,迅速返回中线处。再采用左侧移动步法移至左侧的单打边线处,用持拍手触及单打边线后又迅速返回中线处,为完成一次左右两侧往返跑。以此再开始下一轮的左右移动跑,如此反复进行5次,当第5次完成时停表,计算时间,以时间最短者为优秀。

2. 评价参考标准

优秀:女子青少年,13.5～14.9秒;男子青少年,13.5～13.9秒。

良好:女子青少年,15.1～16.0秒;男子青少年,14.1～15.2秒。

合格:男子青少年,16.3～16.7秒;男子青少年,15.3～15.7秒。

三、耐力素质评价

(一) 400米跑、1500米跑、3000米跑

1. 测试方法

选手位于起始线做起跑准备,听到口令后迅速起跑并加速全力向终点方向奔跑。计时员看见或听见信号后开表计时,当选手胸部冲过终点线时停表,计算时间,以时间最短者成绩最好。

2. 评价参考标准

(1) 400米跑评价参考标准

优秀:女子青少年,1分6秒～1分8秒;男子青少年,55～55.6秒。

良好:女子青少年,1分9秒～1分12秒;男子青少年,56.4～58.8秒。

合格:女子青少年,1分13秒～1分14秒;男子青少年,58.8～60秒。

(2) 1500米跑评价参考标准

优秀:女子青少年,4分56秒～5分7秒;男子青少年,4分22秒～4分32秒。

良好:女子青少年,5分12秒～5分28秒;男子青少年,4分36秒～4分51秒。

合格:女子青少年,5分34秒～5分39秒;男子青少年,5分28秒～5分30秒。

(3) 3000米跑评价参考标准

优秀:女子青少年,11分13秒～11分35秒;男子青少年,9分41秒～10分2秒。

良好:女子青少年,11分46秒～12分19秒;男子青少年,10分12秒～10分43秒。

合格:女子青少年,12分30秒～12分41秒;男子青少年,10分53秒～11分3秒。

（二）10 次低重心场地四角跑

1. 测试方法

选手站在羽毛球场地中心位置，听到口令后（同时开表），用低重心上网步法向左右前场方向快速移动，当手触摸边线与前发球线交接点后，迅速后退回场地中心位置，再从中心位置用低重心上网步法向左右后场方向快速移动，用手触摸边线与双打后发球交接点后，又再次退回中心位置。以此方法连续进行 10 次低重心场地四角跑，当最后一次（第 10 次）手触摸交接点后停表，计算时间，以时间最短者为优秀。

2. 评价参考标准

优秀：女子青少年，20.2～20.6 秒；男子青少年，17.5～18 秒。
良好：女子青少年，20.8～21.4 秒；男子青少年，18.2～18.9 秒。
合格：女子青少年，22.2～22.3 秒；男子青少年，21.6～21.8 秒。

（三）12 分钟跑

通过该项目测试选手在运动中呼吸系统和心血管系统的耐力水平。无氧供能是羽毛球选手在比赛中的主要供能方式。无氧能力越强，越不易出现乳酸堆积，从而使选手能够较长时间地保持较大强度的运动。

（四）1 分钟快速仰卧起坐

1. 测试方法

该项目能测量选手腹肌的力量耐力。选手仰卧在垫子上做好准备，听到口令后，开始开表计时和计次数。选手在 1 分钟内全力快速仰卧起，每一次坐起动作上体与下肢的角度必须超过 90°，才能算完成一次，以此计算选手的卧起次数，1 分钟到达后停止运动，选手单位时间里次数多者为优秀。

2. 评价参考标准

优秀：女子青少年，77～73 次；男子青少年，77～74 次。
良好：女子青少年，71～66 次；男子青少年，72～67 次。

合格:女子青少年,64~62次;男子青少年,65~63次。

四、灵敏素质评价

(一) 1分钟单摇跳绳或双摇跳绳

1. 测试方法

选手每跳跃一次摇绳一圈为单摇,每跳跃一次摇绳两圈为双摇,分别计算1分钟内最多跳绳次数。测试过程中连续记录成功过绳次数。如出现绳绊脚现象,除不计失误数外,应继续进行后面成功的计数,直至1分钟为止。无论单摇或双摇,都以成功次数最多者为优秀。

2. 1分钟单摇跳绳评价参考标准

优秀:女子青少年,178~174次;男子青少年,182~178次。
良好:女子青少年,172~160次;男子青少年,176~170次。
合格:女子青少年,155~150次;男子青少年,165~160次。

3. 1分钟双摇跳绳评价参考标准

优秀:女子青少年,140~135次;男子青少年,146~140次。
良好:女子青少年,133~126次;男子青少年,136~127次。
合格:女子青少年,124~122次;男子青少年,124~120次。

(二) 20秒一米十字跳

1. 测试方法

用粉笔在地上画一米长宽的正方形十字。测试选手双脚与肩同宽,自然站立准备。当听到口令后(同时开表),双脚快速以向前、向后、向左、向右的顺序沿画线跳跃。以单位时间内完成跳跃次数最多者为优秀。

2. 评价参考标准

优秀:女子青少年,63~59次;男子青少年,53~51次。
良好:女子青少年,57~50次;男子青少年,50~46次。

合格:女子青少年,48~46次;男子青少年,45~44次。

五、柔韧素质评价

(一) 劈叉

1. 测试方法

选手正面将两腿前后分开做正向劈叉动作,或是将腿左右分开做侧向劈叉动作,这是测试选手下肢关节韧带的指标。以劈叉幅度最大者为优秀。

2. 评价参考标准

优秀:女子青少年、男子青少年,劈叉双腿与地面齐平。
良好:女子青少年、男子青少年,劈叉双腿与地面相差10厘米。
合格:女子青少年、男子青少年,劈叉双腿与地面相差15~20厘米。

(二) 躯干前屈后伸

选手两脚与肩同宽自然站立,快速后仰俯背做躯干前屈后伸动作。前屈时以手触摸前脚尖,后伸时用手触摸脚后跟部。这是测试躯干的柔韧协调素质,以单位时间内(30秒或是1分钟)屈伸次数最多、幅度最大者为优秀。

(三) 蹬跨、跳跃幅度

选手向前做一步蹬跨步,再向后做一伸展跳跃步,以动作幅度大、距离远者为优秀。

(四) 肩绕环

1. 测试方法

选择一条长度为80厘米的绳子,选手双手握住绳子两端,举至头顶位置。直臂后翻绕肩,再向前绕肩回至原位。测量两手间握绳的距离,以距离短者为优秀。

2. 评价参考标准

优秀:女子青少年、男子青少年,两手间握绳距离在 80 厘米以上。
良好:女子青少年、男子青少年,两手间握绳距离在 90 厘米以上。
合格:女子青少年、男子青少年,两手间握绳距离在 1 米以上。

第四章　羽毛球运动身体训练方法

第一节　羽毛球运动身体训练的要求

一、身体训练

身体训练是指运用各种身体练习的方法与手段，全面提高与改善运动员的形态、机能、健康和素质水平等4个方面因素的训练过程。

身体训练可分为全面身体训练和专项身体训练。

全面身体训练是指在训练中，采用多种多样的非专项的身体练习手段和方法，改善运动员的身体形态，增进运动员的健康，提高运动员各器官系统的机能和全面发展各种运动素质。

专项身体训练是指在训练中，采用与专项有紧密联系的专门性动作的身体练习手段和方法，发展、改善与专项运动成绩有直接关系的专项运动素质和专项所必需的身体形态、机能和素质。

全面身体训练水平是专项身体训练水平提高的基础。因此，全面身体训练与专项身体训练有密切的联系，在具体安排时应根据全队总体的身体素质水平和技术水平，确定技术训练与身体训练的比例，使身体训练中全面与专项的比例合理而科学。

二、身体训练的意义与作用

身体训练的意义与作用主要表现在以下几个方面：

第一，良好的身体训练水平是提高技战术水平和运动成绩的基础。

进行全面身体训练,能全面提高机体各器官、系统的机能,并能全面地培养发展运动员的力量、速度、耐力、灵敏及柔韧等运动素质,使身体获得健康和协调发展,具有完备的从事专项运动的工作能力。

羽毛球运动要求运动员必须具备速度、力量、耐力和灵敏等素质,但又不是周期性的运动素质,而且对技战术的要求甚高,故只靠技术、战术训练不可能达到对所需要的身体素质的要求,只有通过加强全面身体训练,才能达到身体训练水平的提高,从而满足技战术的需要。

第二,身体训练水平高是运动员承担大负荷训练和激烈比赛的基础和需要。

由于当前世界羽毛球运动竞争相当激烈,技术也达到相当高的水平,为了在国际大赛中取得较好的成绩,必须在平时训练中采用大负荷或超负荷训练,才能使机体适应大负荷或超负荷训练要求,从而提高机体适应大强度比赛的激烈竞争的能力,并取得好成绩。

据资料统计,当前世界高水平羽毛球比赛的强度越来越大,运动员在场上反复快速移动(起动、移动、起跳、急停、回动)的次数达500次左右。而在完成各种起动、急停、起跳、回动的动作中,均以快速爆发式完成。因此,运动员需要具备相当好的身体训练水平。从某种意义上讲,高水平的羽毛球比赛不仅是技术、战术、心理的交锋,也是身体训练水平的交锋。

第三,良好的身体训练水平有助于培养运动员良好的意志品质,并在比赛中能保持稳定、良好的心理状态。

当今世界羽毛球比赛竞争越来越激烈,对运动员的意志品质、心理素质要求也越来越高。而心理素质的培养,特别是意志品质的培养是建立在良好的身体训练的基础上。提高身体训练水平的过程,也是运动员适应自身身体变化的一个极其艰苦的过程,这个过程对人的意志品质的影响也是极为深刻的。我们通常在身体训练的过程中采用竞赛手段和达标或超标减次数的手段,培养运动员强烈的取胜欲望及完成指标的动力,采用运动员最怕的项目作为意志品质的训练项目来提高其意志品质。运动员经过艰苦的训练提高了身体训练水平,心理素质也得到了提高,对于进行快攻打法也感到心中有数,有足够的速度耐力作后盾,当然心理也就比较稳定。

第四,良好的身体训练可防止受伤,延长运动寿命。

运动员受伤一般发生在机体疲劳之后,此时,肌肉能力下降,如果突然做了一个不正确的动作,就容易出现关节扭伤,或是由于反复进行某一关节的大幅度运动(如大力杀球、反复上网或肩关节和膝关节周围的肌肉力量不足)也容易引起肌肉拉伤。因此,要特别注意加强肩、肘、腕、髋、膝、踝关节周围大肌肉群的训练,对关节周围的小肌肉的训练也不能忽视。总之,加强身体训练,从而提高机体的机能水平,也同样增强抗疲劳的能力,从而达到防止肌肉受伤的目的,或在外伤不可避免的情况下减轻其严重程度。

在现代训练中运用加强全面身体训练来延长运动寿命的意识已越来越被人们所重视。通过身体训练所获得的身体素质水平越高,机能水平也就越高,相应地保持高水平的竞技状态的时间也就越长。

三、羽毛球运动身体训练的要求

第一,身体训练在多年训练过程中要有计划地、全面地、合理地、按比例地进行安排。

身体训练是训练计划的一个重要的、必不可少的组成部分,而且还应该同步进行技术训练、战术训练、心理训练和智力训练。身体训练计划必须包括长期计划和短期安排。

全面地安排身体训练是指身体训练内容的选择与确定要做到全面,不要过分单一,顾此失彼。但是"全面"也并非等于不论什么人、什么时候,什么都练、什么都发展,而是应该分清在什么阶段以发展什么为主。总体上,要抓住运动素质的"敏感期"重点训练。具体在某一堂课中也要分清以抓什么素质为主,最终实现身体素质的全面提高。

合理地安排身体训练,是指根据不同的训练对象、训练时期和项目有针对性地安排身体训练内容。

第二,身体训练应紧密结合羽毛球运动的专项特点,抓住重点提高身体训练水平,促进技术水平的提高。

身体训练的安排应围绕羽毛球运动专项的特点来安排。力量素质是运动素质的基础,必须重视。但羽毛球运动需要的不是发展如举重运动需要的绝对力量,而是应该在具有一定的绝对力量的基础上发展速度力量(爆发力)和力量耐力,以适应在比赛场上的奔跑、蹬、跳、跨以及上肢的连续击球所需的速度力量及力量耐力。

发展速度素质是羽毛球运动训练的核心,应加强反应速度、动作速度(动作频率)和移动速度,提高灵敏性,以适应羽毛球运动的反应起动的需要,短距离移动和急停、回动与变向变速移动及击球的需要。

发展耐力素质也是羽毛球运动训练的另一个重要课题。研究证实,羽毛球运动需要的体能是混合供能形式,一定要有较好的有氧代谢能力,特别是ATP(三磷酸腺苷)-CP(磷酸肌酸)系统的供能能力要大大提高,以保证比赛所需的速度耐力。

在抓主要身体素质提高的同时，不应忽视其他身体素质的训练，尤其是柔韧性素质必须从少年儿童时期就抓起，发展羽毛球项目所需要的肩、腕、腰、髋、踝关节的柔韧素质。否则，随着年龄增大，柔韧素质"敏感期"过了，要想再提高就比较困难了，从而造成完成动作的幅度不大，韧带僵硬，影响技战术水平的进一步提高。

应该充分认识到羽毛球运动对身体素质的要求是相当高的。可以说必须具备"十项全能"运动员的素质，而且还要在非周期性的跑动中去回击每一个球，其难度是很大的，要求也是很高的。因此，必须以发展全面的身体素质为基础。这个基础水平高，必然就为更高地发展专项素质及专项运动水平打下更好的基础。

第三，身体训练要与技术训练、战术训练相结合。

身体训练水平是提高技术、战术水平，实施战术配合的重要先决条件。同时，掌握了先进的技术、战术又相应地促进了身体训练水平的更快发展和能力的提高，适应先进技术的需要。例如要形成变速突击打法，则后退加速起跳突击是最关键的技术动作，这就对运动素质提出了更高的要求：必须有快速侧身后退突然后蹬起跳的能力、前臂和手腕快速闪腕发力的能力和腰腹肌强有力的收腹能力等，具有这一整套的身体素质的能力，才能满足先进技术的需要。

当身体训练达到一定水平之后，必须紧密地结合专项技术动作进行训练，以便更快提高专项身体训练水平，以促进运动成绩的提高。

第四，身体训练安排要因时、因项、因人而异，从实际情况出发。

身体训练要因时而异，指的是在不同大周期和不同阶段，都要根据训练任务和要求安排不同项目、比例、负荷和强度，赛前阶段就有明显的不同。例如在冬训阶段安排大负荷、大强度的身体训练，使运动员产生一些不适应的反应，如酸痛、抽筋、头昏、呕吐等，并可能影响到第二天的技术训练，从长远计划来看这都是正确的安排。但是，如果把这种训练安排在赛前训练阶段就是一种错误，会造成不良的后果，对提高运动成绩和培养良好竞技状态不利。

身体训练要因项而异，必须根据运动员从事的比赛主项是单打还是双打、混双来考虑和安排。单打移动范围要比双打、混合双打大，所需的速度耐力水平要高；双打要求的动作速度、爆发力比单打强，而且更需具备连续强攻的能力，所需的力量耐力比单打高。因此，必须根据个人所承担的主项的不同特点来安排身体训练内容，不能千篇一律。

身体训练要因人而异，要根据每个运动员的实际情况而区别对待。

第二节 羽毛球运动身体训练的内容与方法

羽毛球运动员的身体训练应根据羽毛球运动项目的特点和"快、狠、准、活"的技术风格的需要来安排训练内容和方法。

一、身体训练的依据与要点

(一) 训练依据

制订羽毛球运动员身体训练计划时,必须考虑和依据以下特点:

1. 羽毛球运动的特点

羽毛球运动是一项隔网对抗性强的比赛项目,表现为进攻转守的统一性,具有高重心、低重心、向前、向后、向左、向右移动以及在不同高度、角度击球的要求,在击球的时间与空间方面充分反映了速度的对抗和准确性、控制能力对抗的项目特点。

2. 运动量大的特点

因比赛不受时间限制又不得借故暂停进行指导和休息,故没有喘息机会。因此,比赛中心率180次/分钟以上的情况占总时间的80%以上,故要求运动员必须具有极好的心血管机能和充沛体力。从羽毛球比赛的时间结构看,1~10秒的对抗占80%~90%,也有20~40秒的拉锯式的争夺,因而决定了羽毛球运动能量代谢的特点是混合供能,但以无氧代谢为主,特别是以ATP-CP供能为主。

3. 场地移动范围不大,但移动速度必须极快,并要求步法到位

要求运动员必须具备良好的起动、回动、急停、急动、变向加速移动的能力。灵活性、协调性要很好,要具有合理的步法结构。因此,进行步法的专项身体素质训练具有十分重要的意义。

4. 手法和步法的协调配合要好

要求运动员必须具备较好的协调和柔韧素质。

5. 比赛中攻守的转换非常快,战术要求具有突变性、灵活性

要求运动员具有较好的心理素质和智力水平。

(二) 训练要点

由羽毛球运动员的身体训练的依据,可见训练必须抓好如下几个要点:

第一,抓好力量素质训练,这是身体素质的基本素质,缺少了力量素质,其他素质的提高和发展都要受到限制和影响。在提高力量素质中,主要是提高速度力量(爆发力)和力量耐力。

第二,狠抓速度素质这项核心素质,发展反应速度、动作速度(动作频率)和移动速度,提高运动员的灵敏性。

第三,抓住耐力素质这一重要环节,主要提高速度耐力素质,以保证比赛时所需的体力要求。

第四,抓好柔韧素质的训练。

总之,在进行各种身体素质训练时,一般以发展速度和灵敏的训练手段为主。

二、身体训练的内容与方法

(一) 力量素质的训练

力量是指人体肌肉收缩时克服外界阻力和反作用于外界阻力的能力。力量素质是人体的基本素质,它对其他素质的发展起着积极的作用,更是掌握和提高技术、战术的基础,也是取得优异成绩的基础。总而言之,一切体育活动都离不开力量素质,故发展力量素质是运动员训练的重要任务之一。

1. 力量素质分类

力量素质分为最大力量、快速力量、力量耐力3种。

最大力量:最大力量也称绝对力量,是指运动员以最大限度肌肉收缩对抗一种恰好能克服的阻力时所发出的最高力值。

快速力量:快速力量是力量与速度综合在一起的一种特殊的力量素质。其表现形式有起动力、爆发力、反应力等。

$$爆发力指数 = \frac{尽可能达到的力量}{达到上述力量所花的时间}$$

力量耐力:力量耐力是力量和耐力的综合素质,主要指运动员在克服一定外部阻力时,能坚持尽可能长的时间或重复尽可能多的次数的能力。

力量耐力分为动力性耐力和静力性耐力。

动力性耐力又分最大力量耐力(重复发挥最大力量的能力)和快速力量耐力(重复快速发挥力量的能力)。

力量素质包括的这三种力量之间有着密切的关系,最大力量是快速力量的基础,快速力量与力量耐力也有很密切的关系。这三种力量素质在训练中是互相影响、互相促进同时又是互相制约的。羽毛球运动需要的是快速力量和快速力量耐力。

2. 力量素质训练的内容和方法

根据羽毛球运动的特点,要着重发展快速力量和动力性的力量耐力。应该看到,提高和发展以上两种力量素质必定要基于最大力量水平。因此,提高上下肢大肌肉群的绝对力量是很必要的,但这并不是最终目的。力量训练最终应围绕提高动作速度,增强连续、反复的跑动、跳蹬、跳跨和击球的能力来进行。

全面力量训练可采用辅助器材。发展比赛中承受主要负荷的肌肉群的练习属于专项力量练习。

(1) 上肢力量练习

可采用杠铃、橡皮筋、哑铃、壶铃、实心球、双人、肋木、双杠、拉力器、垒球等器械和形式进行练习。

① 杠铃练习

a. 推举,包括如下几种:

颈后推举:两脚开立,肩负杠杆,屈肘,两手紧握杠铃横杠,做颈后向上推举练习。反复进行。

前推举:两脚左右开立,两手紧握杠铃横杠置于锁骨前,做胸前向上推举练习。反复练习。

仰卧推举:仰卧在卧推架长凳上,取下杠铃做向上卧推动作。反复练习。

杠铃架上推举:两脚左右开立,屈肘,紧握杠铃横杠,向上推举。反复练习。

b. 颈后举:两脚左右开立,两手正握杠铃横杠,两臂上举后屈肘将杠铃置于肩后,做向前上伸臂动作(类似挥拍动作)。反复练习。

c. 屈伸,包括如下几种:

正屈伸:两脚左右开立,两手正握杠铃横杠提至腹前,以肘关节为轴,做两臂屈伸动作。反复练习。

反屈伸:两脚左右开蹲立,上体稍前倾,两手反握杠铃横杠提至膝前,以抵在膝上的肘关节为轴向胸前做向上提铃的反屈伸练习。反复练习。

腕屈伸:坐在长凳上,上体前倾,屈肘,两手反握杠铃横杠,反复进行腕关节屈伸练习。也可做两手正握杠铃横杠,反复进行腕关节屈伸练习。

d. 屈前臂:两脚左右开立,上体前屈,两手提杠铃横杠于膝前,以肘关节为轴做屈前臂动作。反复练习。

e. 仰卧直臂前举:仰卧在长凳上,两手持杠铃横杠于头后,然后直臂前举至胸前成卧推姿势。反复练习。

② 橡皮筋练习

a. 颈后拉力:两脚前后站立(左前右后),右臂屈肘,前臂置于颈后,右手握固定的橡皮筋的一端,做向前挥拍动作。反复拉动。

b. 双臂前摆:两脚左右开立,两手握橡皮筋,从肩后向前做摆臂动作。反复练习。

c. 前臂屈伸:两脚左右开立,脚踩橡皮筋,两手握橡皮筋,两臂屈肘置于体侧,做前臂屈伸动作。反复练习。

③ 哑铃练习

a. 颈后举:两脚自然开立,屈肘,上举哑铃于头后,做挥拍的颈后举动作。反复练习。

b. 胸前大回转:两脚左右稍开立,两手持哑铃置体侧,两臂依次做胸前大回转动作。反复练习。

c. 前后摆臂大回转:两脚稍开立,两手持哑铃,做前后摆臂向前大回转动作。反复练习。

d. 前臂屈伸:两脚稍开立,两手持哑铃置腿旁,以肘关节为轴,做前臂屈伸动作。反复练习。

e. 仰卧扩胸:仰卧在长凳上,两手持哑铃,做扩胸动作。反复练习。

f. 手腕屈伸:右手持哑铃,前臂置于凳子上,做手腕屈伸动作。反复练习。

g. 屈前臂:坐凳子上,两手持哑铃,以肘关节为轴,做屈前臂动作,两臂交替。反复练习。

h. 上体前屈两臂前后举:两脚左右开立,上体前屈,两手持哑铃,做两臂前后举动作。反复练习。

i. 直臂上举:两脚自然站立,两手握哑铃置于体侧,两臂直臂交替上举。反复练习。

j. 直臂举:仰卧在凳子上,两脚并拢,两手紧握哑铃置于头后,做直臂举哑铃至胸前动作。反复练习。

k. 侧平举:两脚左右开立,两手握哑铃置于体侧,两臂直臂缓慢侧平举,然后缓慢回至膝旁。反复练习。

l. 屈肘上提:两脚左右开立,两手持哑铃,置于腿旁,做屈肘上提动作。反复练习。

m. 仰卧扩胸:仰卧在长凳上,两手侧平举各持哑铃,两臂向上直臂举起哑铃,然后做扩胸动作。反复练习。

④ 壶铃练习

转腕:用一根绳把壶铃悬挂在铁棍上,铁棍两端架在架子上,两手正握铁棍,向前或向后交替扭转铁棍,直至把壶铃转至铁棍上。反复练习。

⑤ 实心球练习

a. 伸臂:左脚在前,右脚在后,双手持球上举,接着屈肘,两手持球置于头后,做向上伸臂动作。反复练习。

b. 臂上举:双脚左右开立,两手持球,伸臂上举,抬头挺胸,然后双手持球置于胸前。反复练习。

c. 双手向前掷球:两脚前后开立,左腿在前稍屈膝,上体稍后仰,两手持球于头后上方,做向前送、挺胸、振臂向前掷球的动作。反复练习。

d. 单手投掷球:两脚左右开立,右手持球于肩后上方,右腿稍后撤并屈膝,向右转体成左侧对投掷方向,然后向前做投掷动作。

⑥ 双人练习

a. 支撑爬行:练习者的两腿由同伴抬起,成两臂支撑姿势,做向前爬行的动作。两人交换反复练习。

b. 俯卧撑:练习者的两腿由同伴抬着做俯卧撑。两人交换进行练习。

c. 两人拉肩:两人背靠背站立,两臂上举,互握手,各自向前迈一步,挺胸成背弓,复原姿势后反复练习。

⑦ 肋木练习

a. 肋木引体向上:面对肋木,两手正握肋木悬垂,连续做引体向上动作。

b. 俯卧撑:在肋木或是类似的横木上连续做俯卧撑动作。

⑧ 双杠练习

双杠臂屈伸:杠内两臂支撑,做两臂屈伸动作(或脚负沙袋加重负荷)。反复练习。

⑨ 拉力器练习

直臂前拉:背对拉力器,一臂后伸,握住拉力器把手,做直臂向前拉引动作。两臂交换,反复练习。

⑩ 垒球练习

a. 垒球掷远:练习者分站在两边,对掷垒球,反复练习。

b. 对墙掷垒球：练习者将球向墙掷去,弹回来时接住再掷,反复练习。

(2) 腰腹力量练习

可采用杠铃、实心球、杠铃片、哑铃或徒手进行练习。

① 杠铃练习

a. 体侧屈：两脚左右开立,肩负杠铃,两臂侧举,手扶杠铃横杠,向左右侧做屈体动作。反复练习。

b. 两侧转体：两脚左右开立,肩负杠铃,两臂侧举,手扶杠铃横杠,向左右侧转体。反复练习。

c. 体前屈：两脚左右开立,肩负杠铃,两手握杠铃横杠,做体前屈动作。反复练习。

d. 提杠练习：两脚左右开立,上体前屈,两臂伸直,正握杠铃横杠,然后上体迅速抬起成直立姿势。反复练习。

② 实心球练习

a. 夹球举腿向头后伸：仰卧,两臂伸直贴近体侧,两脚夹紧实心球向上举腿,并向头后伸,使球触地后还原。反复练习。

b. 双人转体传球：两人背靠背站立,相距适当距离,一人手持实心球,接着两人同时向左、向右转体传递实心球。两侧交替进行。反复练习。

c. 双人胯下传球成上举传球：两人背靠背站立,两腿开立,两臂上举,两人同持一球,然后由一人持球,两人同时体前屈,持球人把球经胯下向后伸传给另一人,交替进行,反复练习。

d. 持球大绕环：两脚左右开立大于肩宽,上体微前屈,两手持球,两臂伸直前举,做腰部大绕环动作。向左右两侧交替进行,反复练习。

③ 杠铃片练习

a. 负杠铃片仰卧起坐：坐在垫子上,两腿并拢伸直,两手持杠铃片置于颈后,做仰卧起坐。反复练习。

b. 左右转体：坐在垫子上,两腿并拢伸直,两手持杠铃片置于颈后,上体向左右转转动。反复练习。

c. 高台仰卧起坐：仰卧在高台上,头在台外,两脚由同伴压住,两手持杠铃片放在颈上,做仰卧起坐动作。反复练习。

d. 体后屈：俯卧在器械上,脚跟紧紧抵贴器械,两手持杠铃片于颈后,做大幅度体后屈的动作。反复练习。

④ 哑铃练习

a. 腰部大绕环：两脚左右开立(大于肩宽),两手各握一哑铃,体前屈,接着做腰部大绕环动作。反复练习。

b. 仰卧起坐：仰卧在垫上，两臂向肩后伸，两手持哑铃，做仰卧起坐练习，并向前伸臂，反复进行。

c. 举腿：坐靠在器械上，两手握住器械，两脚抵住器械，做举腿动作。反复练习。

d. 上体屈伸：俯卧在器械上，两手持哑铃，上体伸展，然后上体前屈。反复练习。

⑤ 徒手练习

a. 仰卧蹬"车轮"：仰卧于垫上，两手撑腰部，双腿上举，做蹬"车轮"动作。反复练习。

b. "V"姿势：仰卧于垫上，两臂侧平举，然后收腹，两腿、上体呈"V"字形姿势，两手抱腿，还原后反复练习。

c. 举腿后伸：仰卧于垫上，两腿伸直，两臂向肩后伸，做举腿后伸至头后动作，使脚尖触地。反复练习。

d. 左右摆腿：仰卧于垫上，两臂侧平放于垫上，右臂有伸直向左摆，上体不动，腰及髋部扭转。两腿交替进行，反复练习。

e. 左右转体：坐在垫上，上体稍后仰，两手置于头后，向左右侧转体，腿部尽量不离开垫子。反复练习。

f. 双人体前屈与后倒：两人对坐，两腿伸直侧分，两人相对的脚互相抵住，两人对拉，一人体前屈，另一人体后倒。两人交替进行，反复练习。

g. 体绕环：两人对面坐，相对的手互拉，两脚伸直侧分，相对的脚抵住，做体绕环动作。反复练习。

h. 左右侧摆腿：仰卧于垫上，两腿并拢伸直，在同伴帮助下，收腹举腿向左右侧摆腿脚跟着地。反复练习。

i. 直腿上举：仰卧在垫上，两臂侧举放在垫上，直腿上举，同时，同伴给予一些阻力，反复练习。

(3) 下肢力量练习

可采用杠铃、哑铃、锯末跑道、台阶、跳绳、徒手、斜坡跑道、爬山、跳箱、沙包、沙衣、沙坑等器械或方式进行练习。

① 杠铃练习

a. 深蹲起：肩负杠铃，进行深蹲起。反复练习。

b. 抓举：两脚开立，两手正握，抓举起杠铃成左或右脚在前的弓箭步，然后站直，两脚左右开立，反复练习。

c. 负重弓箭步走：肩负杠铃进行弓箭步走，反复练习。

d. 负重深蹲后跳起：肩负高空杠铃深蹲后向上跳起，反复练习。

e. 负重登凳：肩负杠铃，左脚踏在0.5米左右高的凳子上，接着迅速直左腿，并随即将右腿抬起站立在木凳上。两腿交替进行，反复练习。

f. 负重行进间高拍腿：肩负杠铃，做行进间高抬腿练习。反复进行。

g. 负重跳：肩负杠铃，稍屈膝，做原地向上跳跃（做前后左右分腿、并腿等跳跃）练习。反复做。

h. 负重半起：肩负杠铃下蹲，当臂部触及凳子时，立即蹬直两腿。反复练习。

i. 负重弓箭步下压：肩负杠铃成弓箭步后，用力下压重心。两腿前后交替进行，反复练习。

j. 负重提铃：两脚开立，从深蹲提铃开始，做伸腿提铃置膝上动作，停留4～6秒。反复练习。

② 哑铃练习

a. 提铃后抛：上体前屈，双手紧握哑杠铃一端，稍蹲，向后做抛哑铃动作。恢复原姿势。反复练习。

b. 蹲跳：两手持哑铃，两脚左右分开，深蹲在两个垫子间，做蹲跳动作。反复练习。

③ 锯末跑道练习

a. 跨步跳：在锯末跑道上进行30～60米跨步跳。反复练习。

b. 三级或五级跳：在锯末跑道上连续进行三级或五级跳。反复练习。

c. 兔子跳（小步蹲跳）：在锯末跑道上深蹲，进行30～60米小步蹲跳。反复练习。

d. 单足跳：在锯末跑道上进行30～60米的连续单脚跳。反复练习。

④ 台阶练习

a. 快速跑台阶。

b. 双脚连续跳2～3个台阶。

⑤ 跳绳练习

a. 快速单跳：从前向后快速摇绳跳，或从后向前快速摇绳跳。

b. 快速交叉跳：两臂交叉从前向后摇绳跳，或从后向前摇绳跳。反复练习。

c. 半蹲"扫堂"跳：一手握绳做半蹲"扫堂"跳跃。反复练习。

d. 快速双摇跳：跳起后，从前向后快速摇绳两次跳一次。反复练习。

⑥ 徒手练习

a. 徒手连续跳起摸拍：同伴站在适当的高台上，手持球拍前举，练习者连续跳起触摸球拍。反复练习。

b. 纵跳转体360°。

c. 跳起在空中，两腿前后分。反复练习。

d. 跳起在空中,两腿侧分,上体稍前倾。反复练习。

⑦ 采用斜坡跑道练习

a. 上坡跑 60 米,做若干组。

b. 下坡跑 60 米,做若干组。

c. 上坡跨步跳 60 米加下坡放松跑 60 米练习,做若干组。

d. 上坡深蹲跳 30 米,做若干组。

⑧ 爬山练习

具体方法略。

⑨ 跳箱练习

摆放多个跳箱,其高度由低至高,先跳上再跳下。箱与箱之间可不连续跳,这样难度大;也可调整一步,再跳下一个跳箱。一组 3～4 人,轮流连续跳,一组跳 12 次×若干组。

⑩ 沙包练习

a. 肩负沙包弓箭步。

b. 肩负沙包下蹲向上跳。

c. 肩负沙包向前深蹲跳。

⑪ 穿沙衣练习

a. 穿沙衣进行三级、五级跳。

b. 穿沙衣进行双脚深蹲跳,几步后跳过栏架。

c. 穿沙衣进行跨栏架连续跳。

d. 穿沙衣连续摸高。

⑫ 沙坑练习

a. 沙坑四方步法练习:根据教练员指挥的方向进行步法练习。

b. 沙坑接球四方步法练习:根据教练员送出球的方向接球再传给教练员。反复练习。

c. 沙坑反复转身快跑练习:20 米,做若干组。

d. 沙坑半蹲移动:30 秒钟～2 分钟,做若干组。

e. 沙坑轻跳练习:15～20 分钟,做 2 组。可安排在清晨进行。

f. 沙坑收腹跳。

g. 沙坑五级或十级深蹲跳。

h. 沙坑立定跳远并丈量。

⑬ 各种游戏练习

具体方法略。

(4) 力量耐力练习

① 分成 4～8 站(即 4 或 8 个训练项目),分成下肢练习与上肢练习交替进行,即先练下肢力量,后到第 2 站练上肢力量(无间隙),第 3 站练下肢,直至第 8 站练完为一组,安排若干组。整个练习以中、中下重量为主,每一组以中、中上次数为主。

② 采用小力量练至极限次数为止,如:卧推 20～25 千克,至推不起为止;哑铃颈后举、杠铃颈后举,举至不能举起为止,这样的练习安排 1～2 组。

3. 力量训练应注意的问题

(1) 关于阻力大小与重复次数问题

在发展力量素质时,选择运动负荷量是训练中首先应注意的环节。教练员应首先了解每位运动员的最大负荷量,再根据所需要提高的素质来确定负荷量及重复次数,力争使每组的训练都达到最高指标。

例如采用次极限重量,重复 1～3 次,占用极限用力的 85% 以上的训练,可以发挥肌肉的协调能力;采用大重量,重复 4～8 次,占用极限用力的 60%～85% 的训练,可促使肌肉功能性肥大(增大肌肉横断面);采用中等大重量,重复 9～12 次,占用极限用力的 40%～60% 的训练,可发展速度性力量;采用中等以下重量,重复 13 次以上,占用极限用力的 40% 以下的训练,可发展力量耐力素质。

总之,每一种力量训练方法都有一定的特点与作用,如何选择,采用多大重量及重复多少次数,都取决于训练的目的要求以及羽毛球运动的实际需要。

(2) 力量训练的手段应力求与专项动作紧密结合

因为发展力量素质要与技战术相结合,所以,所采用的力量训练手段必须力求与羽毛球运动的动作结构、用力方向、参与肌肉及其工作方式、关节角度等一致。例如羽毛球上肢力量训练,除了发展一般肩带部位的肌肉力量以外,主要应考虑提高与挥拍有关的动作的爆发力,并研究动作的用力方向而采取相应的训练手段。如在采用哑铃、杠铃、拉力器、杠铃片做颈后举时,应特别注意后举的动作应与挥拍动作相似,这样对提高突击杀球、大力杀球才有用。又如在进行下肢力量训练时,除了以一般力量训练提高股四头肌群的力量外,主要应考虑提高蹬、跳、跨的能力,要根据羽毛球运动技术中移动的特点而采取相应手段,使之有利于发展专项力量。因此,沙坑、锯末跑道上的步法及弹跳练习和穿沙衣、缚沙带的步法训练,甚至技术训练,都是很有效的训练方法。

(3) 全年系统、全面地安排力量训练

研究表明,力量增长是很容易获得的,但停止训练后消退得也很快,特别是通过大力量训练所获得的肌肉力量见效快,但如不练习很快也就消退了,通过弹跳练习所获得的力量保持的时间较长。因此,训练中要注意,在进行大肌肉群力量训练的同时,还应该注意结合弹跳力量训练以获得较长时间的力量素质。每周最少要进行两次力量训练,最好是四次。这四次身体训练应做到大力量与小力量结合、一般力量与专项力量结合、动力性力量与静力性力量结合,这样才能使力量素质充分发挥其基础素质的作用。

(4) 力量训练应注意使身体各部位力量得到均衡的发展

在一次训练课中,如以发展上肢力量为主,则应安排5~6种上肢力量训练项目,1~2种躯干力量训练项目,1~2种下肢力量训练项目;当以发展下肢力量为主时,应安排4~5种下肢力量训练项目,1~2种上肢力量训练项目,1~2种躯干力量训练项目;当以发展全身爆发力为主时,应安排3~4种全身爆发力训练项目,并结合其他部位的力量训练项目训练。总之,使全身各部位获得均衡发展,这对提高羽毛球专项水平具有重要的作用。

(5) 羽毛球力量训练要以速度性力量训练为主

速度性力量训练时,结合动力性力量耐力训练,以适应专项技战术的需要。

进行力量训练,应在注意提高主动肌力量训练的同时也加强对抗肌的力量训练,以提高其协调性。如在进行提高股四头肌的力量训练时,也要发展后群对抗肌的力量训练,不然股四头肌力量太大会造成不协调,影响动作的协调性。

(6) 训练前要注意做好准备活动

在进行强度大、重量较重的力量训练时,特别要安排些腰、膝踝的准备活动,并在进行大力量训练时,要特别注意对腰部的保护,最好有人保护,以防发生意外伤害事故。训练后要注意肌肉的放松与调整,以提高肌肉的弹性和更快消除肌肉疲劳。

(7) 训练方式方法不能固定不变

如果在较长一段时间内,训练的项目和顺序及互相配合的方法不变,那么,会使运动员产生一种厌倦的情绪,从而影响训练的效果。因此,力量训练2~6周就必须在手段上或负重重量大小或次数上有所变化,才能让运动员在新的刺激条件下产生应激状态去适应新的刺激。

(二) 速度素质的训练

速度素质是人体快速完成动作的能力和动作反应时间的总称,也可理解为人体或身体的某部分进行快速运动的能力。它是羽毛球运动的重要素质之一。

1. 速度素质分类

速度素质可分为反应速度、动作速度和移动速度3个方面。

(1) 反应速度

反应速度是指人体对各种刺激发生反应的快慢,如羽毛球运动员在对方击球瞬间对来球的判断,以及如何选择回击球方式和路线,都是以神经过程的反应时间为基础,反应时间短,反应速度就快;反应时间长,反应速度就慢。

(2) 动作速度

动作速度是指人体或人体某部分完成单个动作时间的长短。完成动作时间短,动作速度快;完成动作时间长,动作速度慢。当然,完成动作时间长短与准备状态、动作熟练程度、灵巧性、协调性及速度力量、速度耐力的水平有关。

(3) 移动速度

移动速度是指完成一定移动距离所花的时间长短。时间短,移动速度快;时间长,移动速度慢。当然,移动速度快慢与步幅、步频以及肌肉放松能力和协调能力、运动技能水平都有关。

羽毛球运动对反应速度、动作速度及移动速度均有较高的要求。离开了速度,羽毛球"快、狠、准、活"的技术风格就难以体现,故提高速度素质是很重要的训练任务。快速的速度训练必须贯彻到各种素质的训练中去,如提高快速力量、速度耐力等。

2. 速度素质的训练内容和方法

(1) 反应速度的练习

① 看教练员指挥6个方向的起动练习。

② 采用多球做快速反应击球练习。例如进行两边防守或上网练习:20~30个,做4~8组。

③ 看信号灯做四方步法练习。

④ 听教练员给出的信号做反应动作的游戏练习。

⑤ 在跑动中听信号做变向跑练习。

(2) 动作速度的练习

① 负重做专门性的动作速度的练习。

a. 负重沙衣做各种步法练习:与下肢力量沙衣、沙袋练习同。

b. 负重沙衣、沙袋进行弹跳力的练习。

② 加重球拍进行专门性挥拍练习。

a. 加重球拍进行杀球练习。

b. 加重球拍进行两边防守击球练习。

c. 加重球拍进行两边抽球练习。

这种训练适用于目前省队一线队员使用,省二队或业余队尽量少使用这种训练手段。

③ 采用哑铃进行快速颈后举练习。

a. 采用铃进行快速颈后举练习:力量大的队员须采取重一些的哑铃做练习,力量小一点的队员采取轻一点的哑铃进行练习,做4~8组,但重量不要超过2.5千克。

b. 采用哑铃进行杀球挥拍练习:同 a。

c. 采用哑铃进行左右两边防守及抽球的练习:同 a。

④ 采用垒球进行提高上肢动作速度练习。

a. 对墙掷全球练:100~150,做4~6组。

b. 对墙全球掷准练习:20~40次,做6~8组,掷不准的不算。

c. 垒球掷远练习:分两边对掷,以最大力量掷20次。

⑤ 采用跳绳进行提高运作速度的练习。

a. 采用单摇绳1分钟计数练习:1分钟,做4~6组,记录每个人完成的次数,作为以后训练指标及提高的依据。

b. 采用双摇跳30秒~1分钟计数练习:跳30秒~1分钟,做4~6组,同 a。

⑥ 采用快速分解步法的练习。

a. 快速交叉跳练习:20~30秒,做6~8组。

b. 快速转跳练习:20~30秒,做6~8组。

c. 快速小步跑(原地)练习:20~30秒,做6~8组。

d. 快速开腿并腿练习:20~30秒,做6~8组。

e. 快速并腿移动练习:30秒~1分钟,做6~8组。

f. 快速双腿跳十字练习:20~30次,做6~8组。

(3) 移动速度练习

① 15米往返跑:8~10次,做4~6组。

② 30米行进间跑:15~20次。

③ 30米速度跑:6~8次。

④ 60米速度跑:6~8次。

⑤ 100米速度跑:1~6次。

⑥ 150米速度跑:1~6次。

⑦ 200米速度跑:1~6次。

⑧ 30米接力跑:每人4次,做4~6组。

⑨ 60米下坡跑:6次。

⑩ 游戏性质的追逐、变速跑。

⑪ 150米专项分解步法的往返跑。

a. 快速前交叉侧身跑。

b. 快速后交叉侧身跑。

c. 快速半蹲向前并步跑。

d. 快速半蹲左右侧身跑。

e. 快速后退侧身跑。

以上5种分解步法编成一组,如快速前交叉侧身跑15米,返回来采用快速后交叉侧身跑15米,接着半蹲向前并步跑15米,返回来后退侧身跑15米,最后进行半蹲左右侧身跑15米×2,一组结束休息5分钟,再练习6组。如还需要加大强度,则可把向前垫步跑、跨步跑和向前高抬腿跑增加到训练内容中。

3. 速度训练中应注意的问题

(1) 速度训练的方法、手段应适应发展趋势的需要

羽毛球训练原则是以快为核心,世界羽毛球运动发展趋势也是在快速能力上找出路。因此,在速度训练问题上要采用各种方法和手段,以适应世界羽毛球发展形势的需要。

在基础训练和全面提高的前期阶段,要重视速度的一般训练,打好速度素质基础。在全面提高后期和突击阶段,应围绕打法特点和技战术需要强调训练方法、手段的个别对待及有针对性的速度素质训练。训练尽可能采用多样化的手段,而且必须与专项特点及比赛要求紧密结合。

(2) 合理安排速度素质训练

要处理好速度素质同其他素质及能力的关系,合理安排练习的顺序和时间,以产生与各素质能力之间的正迁移。

一般说,速度素质应在力量素质训练之前进行。发展快速能力所进行的力量训练应主要采用动力性练习,并在练习中穿插一些轻快的快速跑跳练习。

在大周期训练中,速度素质训练主要安排在准备阶段的中后期和比赛前期,在训练课中最好安排在运动员体力好、精力最充沛的时间进行,多安排在课的前部和中部。

(3) 合理安排速度训练的负荷

提高快速能力与练习强度、持续时间与间歇时间、重复次数有密切关系。速度练习是一种强度类负荷项目,因此,必须用最高或接近最高(95%～100%)的强度进行,中低强度的速度训练效果不佳。

速度练习的持续时间为1～35秒。从跑动距离来说,从1米的反应起动到2～3米的步法练习,从15～20米的行进间跑到30米、60米、100米、150米、200米的反复跑,间歇时间应以使运动员工作能力得到恢复为准。

4. 力量和速度训练的特点

以上介绍的力量和速度训练的内容和方法及其举例,在组合上有以下特点:

第一,在手段组合上,以上下肢力量、速度和弹跳训练为主。

上下肢力量:以下肢力量训练为主。

速度:以30～300米或400米的反复跑为主,通过300米或400米反复跑提高速度耐力。

弹跳:其实也是属于提高下肢力量爆发力的训练。弹跳训练的力量较具爆发力与协调性,对羽毛球运动员的下肢步法移动较有利,并且弹跳力量获得后不易消退。

总之,要按照以力量与速度为主体的组合原则,结合其他素质穿插安排训练。

第二,上下肢力量训练中,以轻力量的快速反复为主,但每堂课都要大、中、小负荷相结合,即大负荷课时,上下肢总负荷在8000～10000千克或以上;中负荷课时,上下肢总负荷在5000～8000千克;小负荷课时,上下肢总负荷在5000千克以下。在组合上,力量负荷大部分又以中小负荷为主,结合弹跳力量训练;专门的大负荷力量训练课的安排较少。

第三,速度训练中,以300～400米之间的反复跑为主的训练来提高速度耐力,促进一般耐力的提高。冬训期间一般耐力一周安排1次,但速度耐力一周安排3次左右。可以说,身体训练的安排是以提高速度、速度耐力为核心,从而提高其他各项素质。上下肢力量的提高也是为提高速度和速度耐力作保证。当速度和速度耐力提高之后,又促进了下肢力量的提高,故在训练中对速度素质训练要求比较严格,一般都有指标要求,达不到指标的须重跑,超额完成的可减少次数。在训练掌握上以注意速度的强度及质量为主。一般60～100米之内按95%的负荷强度要求跑6～8组,200～400米按90%～85%的负荷强度要求跑6～8组。间歇时间按60～150米间歇2～3分钟,200米3～4分钟,300～400米间歇5分钟左右。对于个别恢复太慢的运动员可适当延长。

第四,弹跳训练应贯彻于身体训练课的各种训练期。每周均安排4次,即每堂课均有弹跳训练。弹跳训练比重较大的意义在于它是比较灵活的下肢力量训练,除提高下肢弹跳爆发力和力量耐力外,它还具有较强的协调性。通过弹跳训练所获得的下肢力量消退较慢,而且对提高羽毛球突击进攻的蹬跳步法很重要。

（三）灵敏素质的训练

灵敏素质是指运动员迅速改变体位、转换动作和随机应变的能力。它是运动技能和各种素质在运动活动中的综合表现，也是一种复杂的素质。一般认为，力量素质好、速度素质好而且协调能力强的运动员，其灵敏素质一定比较好。对羽毛球项目而言，灵敏是重要的素质之一，因为灵敏素质包括协调性、灵活性和准确性三大基本能力，因而它是对协调、灵活、准确和应变能力有很高要求的运动项目的最重要的素质，所以是羽毛球运动的重要素质。

1. 灵敏素质的训练内容和方法

(1) 各种游戏性质的训练

游戏方法不一一介绍，只要有利于提高灵敏素质及兴奋性的练习均可采用。

(2) 球类活动

篮球、足球、手球活动练习，时间控制在30～60分钟。

(3) 训练方法

在跑、跳中迅速、准确、协调地做出各种躲闪、急停、变向跑、蛇形跑等。

2. 灵敏素质训练应注意的问题

(1) 注意全面提高与灵敏素质有关的其他一些素质

这样训练是为整体灵敏素质的提高打好基础。

(2) 根据不同训练阶段的特点安排灵敏素质的训练

例如随比赛、技术训练比重的增加，协调能力的训练应相应加强，准备期以一般灵敏素质训练为主，比赛期以专项所需灵敏的训练为主。一次训练课中，灵敏素质训练应安排在课的前半部体力较好的时间段。

（四）耐力素质的训练

耐力素质是指有机体在长时间地从事运动活动中克服疲劳、坚持活动的能力。从事任何体育运动的运动员都应具备相应的耐力素质。

1. 耐力素质的分类

按器官系统的机能分类可分为肌肉耐力和心血管耐力。

肌肉耐力是指肌肉长时间收缩用力的能力。

心血管耐力又分为有氧耐力、无氧耐力、有氧无氧混合耐力和缺氧耐力。有氧耐力是指在氧供应充足的情况下的耐力。无氧耐力是指在氧供应不足有氧债的情况下的耐力。有氧无氧混合耐力是指具有有氧和无氧的双重供能情况下的耐力。缺氧耐力是在严重缺氧或处于憋气状态下的耐力。

按专项分类可分为一般耐力和专项耐力。

一般耐力以有氧耐力为基础。专项耐力以无氧耐力为主。

羽毛球运动需要的供能形式是混合供能形式,即有氧无氧混合耐力,并以有氧代谢为基础,发展和提高无氧代谢能力,特别是发展ATP－CP的供能能力。

2. 耐力素质训练的内容和方法

(1) 发展一般耐力练习

① 1500米反复跑:2～3组,间歇脉搏恢复至100次/分以下,即可再进行下一组练习。

② 3000～10000米跑:1组。

③ 100米快跑＋100米慢跑,做20～30次,强度60%～70%。

④ 200米快跑＋200米慢跑,做10～15次,强度50%～60%。

(2) 发展专项耐力练习

① 采用连续有间歇长时间的多球练习:一组10～30个球不等,间歇时间根据每组的强度而定,一般间歇10～20秒,接着再发,模拟比赛时间与间歇连续30～40秒的多球练习。

② 采用连续有间歇长时间的步法练习:方法如上。

③ 定拍数、组数要求的二对一式对攻练习:两名队员安排此练习,加上一位教练员陪练,双方进行二对一式对攻练习,共进行20组,每组5～10拍。要求在50分钟之内完成。每组一人者为主练者,每一组必须完成5～10拍的要求。如规定此练习为8拍×25组练习,那么发球后必须打到8拍为一组;如在8拍前两人的这一方失误了,则继续算下去,直到一人一方失误算组数;如一开始就打了25拍,则计算3组。累加至20组算一人结束练习,换另一人练习,教练员转至另一方陪练。这种方法有利于提高强度和稳定性。

④ 进行连续大强度的比赛练习:如安排二单二双比赛或三单一双比赛,提高比赛耐力。

⑤ 进行综合分解步法练习:每做一个动作后采用放松调整步法20秒再做另一种动作。每个动作如按次数则计每次20～30次,如按时间则计30秒～1分钟。

(3) 发展无氧耐力练习

① 发展非乳酸盐无氧耐力练习。

a. 20米行进间跑测最快速度:10~20次,根据个人速度定指标。
  b. 30米反复跑练习:8~10次,根据个人速度定指标。
  c. 60米反复跑练习:6~8次,根据个人速度定指标。
  d. 100米反复跑练习:4~6次,根据个人速度定指标。
  ② 发展乳酸盐无氧时力练习。
  a. 150米反复跑间歇训练法:4~6次,根据个人速度定指标(强度70%~80%)。
  b. 200米反复跑间歇训练法:同a。
  c. 300米反复跑间歇训练法:同a。
  d. 400米反复跑间歇训练法:同a。

3. 发展耐力素质应注意的问题

(1) 只有提高运动员的意志品质,才能更好地发展耐力素质

耐力素质训练是一项很艰苦的训练,意志品质在耐力训练中具有很重要的作用。因此,在进行耐力训练时,要提高运动员的认识,从而提高他们投入训练的积极性,自觉刻苦地进行训练。

(2) 根据羽毛球项目的特点发展耐力素质

根据对羽毛球运动员所做的生理机能测定看,一场羽毛球赛后血乳酸和氧债不高。从氧债情况来看,羽毛球运动员要低于成绩在12秒以下的100米跑的运动员。而且,羽毛球比赛后氧债恢复曲线开始下降部分较陡,说明这个项目的非乳酸氧债占主要比重。由于当前世界羽毛球技术、战术水平的提高,比赛时间在逐渐增长,必须迅速消除无氧代谢过程中所产生的氧债和保持连续作战的能力。因此,羽毛球运动员的耐力训练要提高的主要是速度耐力。从供能形式看,必须以发展有氧代谢能力为基础,主要提高有氧无氧混合代谢能力,特别是提高ATP—CP的代谢能力。

(3) 耐力训练应注意全年系统地安排

在准备期应以一般基础耐力训练为主,赛前阶段应以比赛性的专项耐力训练为主。

(4) 耐力训练应注意针对性

要对运动员的耐力素质状况进行分析,要有针对性地对某些运动员进行其最需要的耐力素质训练。同时注意观察运动员在训练课中、课后的反应,如出现不良反应应注意找出原因,进行必要的调整。而且,训练中应加强医务监督,并采取各种积极的恢复措施。

(五) 柔韧素质的训练

柔韧素质是指人的各个部位关节的活动幅度和肌肉与韧带的伸展能力,它在羽毛球运动中有着重要意义。

一名优秀的羽毛球运动员的肩关节、髋关节、腰部这 3 大部位柔韧性的好坏,直接影响到技术的发挥。肩关节柔韧性差,必然造成挥拍的摆臂幅度不大;髋关节的柔韧性差,必然造成完成低重心的跨步动作时伸展面受影响;腰部的柔韧性差,必然造成后仰突击进攻能力受影响,鞭打发力过程的传递受影响,出现发力不充分等问题。

1. 柔韧素质的训练内容和方法

发展柔韧素质一般在早操时间进行。

(1) 主动的动力性练习

① 徒手前后绕环练习。
② 持哑铃前后绕环练习。
③ 持球拍或木棍的转肩练习
④ 行进间踢腿练习,例如前踢、后踢练习。
⑤ 握肋木的后踢腿练习。
⑥ 肋木上的拉肩练习。

(2) 被动的动力性练习

① 肋木拉肩,教练员在背至肩部施外力的练习。
② 施加外力的正劈腿练习。
③ 施加外力的前后腿练习。
④ 施加外力的拉足背肌及股四头肌的跪坐练习。

(3) 主动的静力性练习

① 肋木上拉肩至最大限度静止 3~5 秒的练习。
② 正劈腿、前后劈腿练习。
③ 拉足背肌及股四头肌的跪坐练习。
④ 拉小腿的静力练习。

(4) 被动的静力性练习

① 施加外力的拉肩至最大限度静止 5~10 秒的练习。
② 施加外力的正劈腿、前后腿至最大限度静止 5~10 秒的练习。

2. 柔韧素质训练应注意的问题

(1) 柔韧素质要从小培养并经常保持，持之以恒

根据人体机能发育的特点，儿童时期是发展柔韧素质的"敏感期"，抓住这个时期训练，柔韧素质会得到巩固和保持并不易消退。必须注意，通过训练而获得的柔韧素质进步很快，但如停止训练则消退得也快。因此，要经常保持训练。一般可安排在早操时间、准备活动及课后结束部分，进行柔韧训练，对机体的恢复也很有好处。

(2) 在进行柔韧训练时要注意气温

天气太冷不利于进行柔韧训练，只有在适当的气温中训练才会有较好的效果。

(3) 柔韧素质的发展要适度

发展柔韧素质以有利于最大限度发挥专项能力为前提。一般来讲，没有必要使柔韧素质的发展水平达到最大限度，控制在不影响专项技术所需的伸展度上即可。因为，如超过这个限度，会导致关节和韧带的变形，影响关节结构和牢固性，且易造成伤害事故。

(4) 柔韧素质训练前要做好充分的准备活动

肌肉伸展性和肌肉的温度有关，通过准备活动，提高肌肉的温度，降低肌肉的黏滞性，有利于柔韧性的发展。在训练中不应急于求成，在加大外部压力时，一定要控制好，不然会造成肌肉、韧带拉伤。

以上介绍了羽毛球运动员身体素质的训练内容、方法和手段及要注意的问题。如何在实际的教学训练中合理安排和组合，如何掌握各时期的训练重点，并对提高运动成绩起到良好效果，是教师必须掌握和提高的一门教学艺术。身体素质水平对羽毛球运动技术水平的提高有着极其重要的作用。因此，更快、更有效地提高身体素质是当务之急。

第五章　羽毛球运动竞赛规则与裁判法

第一节　基　本　规　则

一、挑边

比赛开始前应挑边,赢方在以下两者中选择:① 先发球或先接发球;② 在一个场区或另一个场区开始比赛。输的一方,在余下的一项中选择。

二、计分方法

① 每局采用 21 分制,3 局 2 胜。
② 每球得分制。
③ 每回合中,取胜的一方加 1 分。
④ 当双方均为 20 分时,领先对方 2 分的一方赢得该局比赛。
⑤ 当双方均为 29 分时,先得 30 分的一方赢得该局比赛。
⑥ 一局比赛的获胜方在下一局率先发球。

三、发球

① 发球时任何一方都不允许非法延误发球。
② 发球员和接发球员都必须站在斜对角发球区内发球和接发球,脚不能触及发球区的界线;两脚必须都有一部分与地面接触,不得移动,直至将球发出。

③ 发球员的球拍必须先击中球托,与此同时整个球要低于发球员的腰部。

④ 击球瞬间,球拍杆应指向下方,从而使整个拍头明显低于发球员的整个握拍手部。

⑤ 发球开始后,发球员的球拍必须连续向前挥动,直至将球发出。

⑥ 发出的球必须向上飞行过网,如果不受拦截,应落入接发球员的发球区内。

⑦ 一旦双方运动员站好位置,发球员的球拍头第一次向前挥动即为发球开始。

⑧ 发球员须在接发球员准备好后才能发球,如果接发球员已试图接发球,则被认为已做好准备。

⑨ 一旦发球开始,球被发球员的球拍触及或落地即为发球结束。

⑩ 双打比赛,发球员或接发球员的同伴站位不限,但不得阻挡对方发球员或接发球员的视线。

四、单打规则

① 在一局比赛开始时(比分 0∶0)或发球方得分为偶数时,发球方在右半场进行发球。当发球方得分为奇数时,在左半场进行发球。

② 如果发球方取得一分,那么下一回合其继续发球。

③ 如果接发球方取得一分,那么下一回合其成为发球方。

五、双打规则

① 与单打一样,发球方得分为偶数时,发球方在右半场进行发球。当发球方得分为奇数时,在左半场进行发球。

② 如果发球方取得一分,那么下一回合其继续发球,且发球人不变。

③ 如果接发球方取得一分,那么下一回合其成为发球方。

④ 当且仅当发球方得分时,发球方的两位选手交换左右半场。

六、发球区错误

① 发球顺序错误:在错误的发球区发球、在错误的发球区准备接发球,且球已发出。

② 如果发球区错误在下一次发球击出或击出后发现,则错误不予纠正。

③ 如在下一个发球击出前发现有发球区站位错误,应立即纠正后,继续比赛;如在下一个发球击出后发现一方发球区站位错误,应在该球成死球后予以纠正站位,继续比赛,该比分有效;如在下一个发球击出后发现双方同时出现发球区站位错误,应在该球成死球后予以纠正站位,继续比赛,该比分有效。

④ 如果因发球区错误而重发球,则该回合无效,纠正错误重发球。

⑤ 如果发球区错误未被纠正,比赛继续进行,并且不改变运动员的新发球区和新发球顺序。

七、发球违例

① 未将球发在相应的区域内。

② 球挂在网上或停在网顶。

③ 球过网后挂在网上。

④ 双打时,接发球员的同伴接到球或被球触及。

⑤ 过腰:球的任何部分在击球瞬间高于发球运动员的腰部。

⑥ 过手:击球瞬间,球拍顶端未朝下,整个拍框没有明显低于握拍手的整个手部。

⑦ 未先击球托:在击球瞬间不是首先击中羽毛球的球托部分。

⑧ 不正当行为:一旦开始发球,双方站好位置,这时任何运动员不得做假动作,或有意妨碍对方或故意拖延发球或接发球的准备时间,有企图占便宜等不正当行为(发球队员的向前挥拍动作不得中断)。

⑨ 发球方位错误:发球时,发球队员(双打时包括接发球队员)未站在应该站的发球区内发球或接发球。

⑩ 顺序错误:双打中发球或接发球队员,没有按照正确顺序进行发球或接发球。

⑪ 脚违例:发球时,发球或接发球队员,不得有踩线、任何一脚离开地面、移动

等动作,否则违例。

发球队员违例,失去发球权。接发球队员违例,则判发球方得分。另外,羽毛球运动的发球,球擦球网而过落入发球区,仍为有效球。

八、重新发球

① 遇到不能预见或意外的情况,应重发球。
② 除发球外,球过网后挂在网上或停在网顶,应重发球。
③ 发球时,发球员和接发球员同时违例,应重发球。
④ 发球员在接发球员未做好准备时发球,应重发球。
⑤ 比赛进行中,球托与球的其他部分完全分离,应重发球。
⑥ 司线员未看清,裁判员也不能作出决定时,应重发球。
⑦ 重发球时,最后一次发球无效,原发球员重新发球。

九、死球

羽毛球比赛中,规定下列情况为死球:
① 球撞网并挂在网上,或停在网顶。
② 球撞网或网柱后开始在击球者这一方落向地面。
③ 球触及地面。
④ "违例"或"重发球"已被宣报。

十、比赛项目

① 团体赛分为:男子团体,女子团体,男女混合团体赛。
赛制分为三场制和五场制。
② 单项赛分为:男子单打,女子单打,男子双打,女子双打,混合双打。

第二节 比赛方法

一、单循环赛

参加比赛的运动员（或队）之间轮流比赛一次，为单循环赛。循环赛由于参加运动员（或队）之间比赛的机会多，有利于相互学习，共同提高，故能比较正确地赛出名次。但循环赛场数多，比赛时间长，使用场地数量也多，因此循环赛的人数（或队）不宜过多。

在人数（或队）过多时，可采用分组循环赛的办法。采用分组循环赛时，一般以4～6人（或队）分为一组比较适宜。

（一）轮数和场数

在循环赛中，每一运动员（或队）出场比赛一次，称为"一轮"。当人数（或队）为偶数时，轮数＝人数（或队）－1；人数（或队）为奇数时，轮数＝人数（或队）。场数计算如下：

$$场数 = 人数（或队） \times [人数（或队） - 1]$$

（二）顺序的确定

一组或多组场采用"1号位固定逆时针轮转法"。如果组中有同单位的运动员（或队）者，应首先进行比赛。

逆时针轮转方法是：1号位置固定不动，其他位置每轮按逆时针方向轮转一个位置，即可排出下一轮的比赛顺序。

例 6人（或队）参加比赛的排法：

第一轮	第二轮	第三轮	第四轮	第五轮
1—6	1—5	1—4	1—3	1—2
2—5	6—4	5—3	4—2	3—6
3—4	2—3	6—2	5—6	4—5

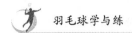

当人数(或队)为单数时,用"0"补成双数,然后按逆时针轮转排出各轮比赛顺序。其中遇到"0"者为轮空。

(三) 决定名次的方法

① 按获胜场数定名次。
② 两名(队)运动员获胜场数相等,则两者间比赛的胜者名次列前。
③ 三名(队)或三名(队)以上运动员获胜场数相等,则按在该组比赛的净胜局数定名次。
④ 计算净胜局数后,如还剩两名(队)运动员净胜局数相等,则两者间比赛的胜者名次列前。
⑤ 计算净胜局数后,还剩三名(队)或三名(队)以上运动员净胜局数相等,则按在该组比赛的净胜分数定名次。
⑥ 计算净胜分数后,如还剩两名(队)运动员净胜分数相等,则两者间比赛的胜者名次列前。
⑦ 如还有三名(队)或三名(队)以上运动员净胜分数相等,则以抽签定名次。
⑧ 团体赛按以上办法,依胜次、场数、局数、分数顺序计算成绩。

(四) 分组循环赛与种子的分布

在参加人数(或队)较多的情况下,为了不过多增加比赛的场数和延长比赛的日期,又能排定各队的名次,常采用分组循环赛的办法。组数确定后,可用抽签的方法进行分组,也可采用"蛇形排列方法"进行分组。如以团体赛16个队分成四组为例,则按表5.1分组。

表5.1 分组方法

第一组	1、8、9、16
第二组	2、7、10、15
第三组	3、6、11、14
第四组	4、5、12、13

表5.1中的数字是各队的顺序号,它是按照各队实力强弱排列的。也就是说,数字越小,实力越强,数字号码相当于该队的名次。

用抽签方法进行分组时,如仍以上述16个队为例,则须先确定4个或8个种子,把种子顺序排列出来,然后按上述"蛇形排列方法"或"抽签方法"进行分组。最后非种子队用抽签方法抽进各组。

二、单淘汰赛

运动员(或队)按编排的比赛秩序,由相邻的两名运动员(或队)进行比赛,败者淘汰,胜者进入下一轮比赛,直至经淘汰只剩最后一名胜者(或队)——冠军,比赛才告结束。

淘汰赛由于比赛一轮淘汰 1/2 的运动员(或队),可使比赛的场数相对减少,所以在时间短、场地少的情况下,采用单淘汰赛能接受较多的运动员(或队)参加比赛,并可使比赛逐步走向高潮,一轮比一轮紧张激烈。按体育竞赛的特点来说,淘汰赛是一种比较好的比赛方法。但由于负一场就被淘汰,所以大部分运动员或队(特别是实力较弱的)参加比赛的机会较少,所产生的名次也不尽合理。

(一)轮数和场数

单淘汰赛的轮数等于或大于最接近运动员人(队)数的 2 的乘方指数,是 2 的几次方即为几轮。

场数计算如下:

$$场数 = 人(队)数 - 1$$

(二)轮空位置的分布

当参加比赛的人(队)数为 4、8、16、32、64 或较大的 2 的乘方指数时,他们应按比赛顺序成双相遇地进行比赛。

当参加比赛的人(队)数不是 2 的乘方指数时,第一轮应有轮空。轮空数等于下一个较大的 2 的乘方指数减去比赛的人(队)数的差数。轮空数为双数时,应平均分布在比赛图的不同的 1/2 区、1/4 区、1/8 区、1/16 区。如轮空位置为单数,则上半区应比下半区多一个轮空。

例如:9 个单位参加比赛,轮空数为 16-9=7;3 个轮空在下半区,4 个轮空在上半区。这样,第一轮只有一场比赛。具体情况如下:

5 人(队)比赛,1 个轮空在下半区,2 个轮空在上半区。

6 人(队)比赛,1 个轮空在上半区,1 个轮空在下半区。

7 人(队)比赛,1 个轮空在上半区。

8人(队)比赛,没有轮空。
9人(队)比赛,3个轮空在下半区,4个轮空在上半区。
10人(队)比赛,3个轮空在上半区,3个轮空在下半区。
11人(队)比赛,2个轮空在下半区,3个轮空在上半区。
12人(队)比赛,2个轮空在上半区,2个轮空在下半区。
13人(队)比赛,1个轮空在下半区,2个轮空在上半区。
14人(队)比赛,1个轮空在上半区,1个轮空在下半区。
15人(队)比赛,1个轮空在上半区。
更多的人(队)数,以此类推。
64人(队)以下时,应把轮空位置平均分配到8个不同的1/8区。65人(队)以上时,应把轮空位置平均分配到16个不同的1/16区。

三、抽签办法

(一)种子数

72个(队)或72个(队)以上运动员(队)参加的比赛,最多设16个种子,分布在各个1/16区;32个(队)或32个(队)以上运动员(队)参加的比赛,最多设8个种子,分布在各个1/8区;16个(队)或16个(对)以上运动员(队)参加的比赛,最多设4个种子,分布在各个1/4区;少于16个(队)运动员(队)参加的比赛,最多设2个种子,分布在各个1/2区。种子采用抽签办法进位。

(二)种子的抽签

任何公开比赛都要执行种子均匀分布的原则。
① 只有两个种子时,第一号在1号位,第二号在最后的号位。
② 有四个种子时,第一号和第二号按上述办法定位,第三号和第四号用抽签办法分别进入第二个1/4区的顶部和第三个1/4区的底部。
③ 有八个种子时,第一、第二、第三和第四号按上述办法定位,其他种子用抽签分别进入还没有抽进种子的各个1/8区内。抽进上半区的,应在第二、第四个1/8区的顶部;抽进下半区的,应在第五、第七个1/8区的底部。
④ 同一队的两名种子选手,应抽进不同的1/2区;同一队的三名或四名种子,

应抽进不同的 1/4 区;同一队的五名至八名种子,应抽进不同的 1/8 区。

一般运动员的抽签同属一个队的运动员,应按以下办法抽签进位:

① 第一、第二号选手,分别进入不同的 1/2 区。

② 第三、第四号选手,分别进入不同的 1/2 区中没有同队选手的 1/4 区。

③ 第五至第八号选手,分别进入不同的 1/2 区中没有同队选手的 1/8 区。

任何级别的比赛都要遵照这些规定执行。

以 17 人(对)参加比赛为例:比赛表中第一轮上半区轮空位置应为 1 号至 8 号,下半区轮空位置应为 11 号至 17 号。第一、第二号种子分别定位在 1、17 号位,第三、第四号种子用抽签分别进入 5 号和 13 号位。

以 33 人(对)参加比赛为例:第一、第二号种子分别定位在 1、33 号位,第三、四号种子用抽签分别进入 9 号和 25 号位,第五、第六、第七、第八号种子用抽签分别进入 5 号、13 号、21 号和 29 号位。

第三节　裁判员手势及用语

一、判罚发球违例手势及用语

在判罚发球违例时应先大声宣报"违例"后,再做手势(图 5.1~图 5.6)。

图 5.1　发球时脚违例

图 5.2　击球期间整个球过腰

图 5.3 拍杆未指向下方

图 5.4 挥拍不连续(1)

图 5.5 挥拍不连续(2)

图 5.6 未首先击中球托

二、司线裁判员手势及用语

司线裁判员在判罚时,口语只有一个,就是"界外"!口语应与手势(图 5.7~图 5.9)同时进行。

第五章 羽毛球运动竞赛规则与裁判法

图5.7 界外　　　　　　　　图5.8 视线被挡

图5.9 界内

三、主裁判手势及用语

主裁判用语有："到这里来！""××（运动员姓名）行为不端警告！"同时右手举黄牌举过头顶（图5.10）；"到这里来！""××（运动员姓名）行为不端违例！"同时右

手持红牌举过头顶(图 5.11)。

如果运动员被取消比赛资格时宣报:"××(运动员姓名)行为不端!取消比赛资格!"同时,右手持黑牌举过头顶。

图 5.10　出示黄牌

图 5.11　出示红牌

参 考 文 献

[1] 中国羽毛球协会. 羽毛球竞赛规则(2017年)[M]. 北京:北京体育大学出版社,2017.
[2] 张原松. 最新羽毛球教学训练技术与动作技巧详细图解[M]. 北京:高等教育出版社,2013.
[3] 刘瑞豪. 羽毛球基础与实战技巧[M]. 大连:大连音像出版社,2011.
[4] 杨东升,蔡毅,吴大才. 羽毛球入门与提高[M]. 北京:北京化工出版社,2013.
[5] 毛振明. 现代大学体育[M]. 北京:教育科学出版社,2015.